STREICHINSTRUMENTE AUS VENEDIG

GEIGEN

und andere Streichinstrumente des 18. Jahrhunderts

aus Venedig

Aloys Greither

VERLAG WERNER DAUSIEN · HANAU

Kurz vor Drucklegung dieses Werkes ist der Autor, Prof. Dr. Dr. Aloys Greither, verstorben. Wir bitten daher zu entschuldigen, falls wir Fehler übersehen haben sollten und auch dafür, daß einige Maßangaben und Ähnliches fehlen.

DER VERLAG

GEIGEN UND ANDERE STREICHINSTRUMENTE DES 18. JAHRHUNDERTS AUS VENEDIG
von Aloys Greither

©VERLAG WERNER DAUSIEN · HANAU
ISBN 3-7684-9631-7

Inhaltsverzeichnis

Vorbemerkung 7

Einleitung: Die Urteilskriterien 9

Die Frühzeit des Geigenbaus in Venedig
mit den Vorläufern aus Füssen 16

    Kaspar Tieffenbrugger 17

    Die Entstehung der Violine 24

        Die musikhistorischen und philologischen Daten 27

        Die Violinen der Spielleute und in der Volksmusik . . . 30

        Die ikonographische Darstellung der frühen Violine in der
        Kunst des 16. und frühen 17. Jahrhunderts 32

        Die ältesten erhaltenen Violinen 36

    Jacobus Stainer und Venedig 43

    Stainers Instrumente in stilkundlicher Sicht 46

    Die sogenannte Tiroler Schule 55

        David Tecchler (1666 – ca. 1748) 58

Das klassische Geigenbauzentrum Venedig 62

    Die ökonomischen und musikhistorischen Vorbedingungen . . 62

    Die venezianischen Meister des 18. Jahrhunderts 66

    Die Goffriller-Werkstatt 68

        Die Rolle des Francesco Goffriller 71

        Matteo Goffriller 78

        Antonio Goffriller 94

    Domenico Montagnana 111

    Farbtafeln 113

    Francesco Gobetti 159

    Pietro II. Guarneri 182

    Santo und Giorgio Serafin 207

        Santo Serafin 207

        Giorgio Serafin 221

    Giovanni Battista und Michele Deconet (Deconetti) 225

    Die Familie der Tononi in Bologna und Venedig 235

    Pietro Antonio della Costa 255

    Die Konzertgeige Mozarts 257

    Verzeichnis der Farbtafeln 265

    Verzeichnis der Schwarzweiß-Abbildungen 266

    Literaturverzeichnis 268

    Bildnachweis 270

VORBEMERKUNG Das vorliegende Buch nimmt die Fortsetzung der Serie auf, die unter dem Titel „Italienische Streichinstrumente" in 13 Heften von Pharma Bayer Leverkusen in den Jahren 1973 bis 1975 verlegt wurde. Darin wurden die drei Geigenbauzentren Absam, Brescia und Cremona abgehandelt.

Wichtiger als eine Neuauflage erscheint die Fortsetzung des Themas, wobei sich gelegentliche Rückgriffe auf grundsätzliche Ausführungen in der ausgelaufenen Serie durchaus anbieten. Wie das bisher Erschienene verfolgt auch dieses neue Buch über Streichinstrumente aus Venedig nicht immer die gleichen Ziele und behandelt nicht unbedingt die gleichen Aspekte wie die Betrachtungsweise der Geigenbauer, Händler und Experten. Die im Handel üblichen, mitunter etwas einseitig gesetzten Normen können nur aufgelockert werden, wenn neben den ästhetisch-stilistischen und kunsthistorischen Merkmalen vor allem die tonalen Eigenschaften und auch weniger bekannte Stilabzeichen italienischer Instrumente und Meister berücksichtigt werden.

Den Untersuchungen liegt ein Material zugrunde, das sich in annähernd 50 Jahren angesammelt hat. Auch die hier benutzten Leihgaben von Experten sind — bis auf einige Zitate aus kaum bekannten oder schwer zugänglichen Quellen — von ihnen meist nicht publiziert worden. Es handelt sich also zum großen Teil um der Öffentlichkeit bislang unbekannte Instrumente.

Die lange Anlaufzeit dieser Arbeit bringt es mit sich, daß die Abbildungen unter sehr verschiedenen Aspekten angefertigt wurden, hier also kein einheitliches Prinzip der Art und Größe der Wiedergabe walten kann. Ein Teil der Instrumente ist verschollen oder zumindest nicht mehr verfügbar; deshalb konnten mitunter gebotene Neuaufnahmen nicht angefertigt und die Maße nicht mehr erbracht werden. Auch Expertisen oder schriftlich-verbindliche Zuweisungen sind nicht immer vorhanden.

Nicht alle Besitzer waren bereit, sichtbare Schäden, vor allem wenn sie den Ton nicht beeinträchtigten, beheben zu lassen. Manche beabsichtigten Reparaturen wiederum konnten nicht abgewartet werden. Wenn Eigentümer nicht verzeichnet sind, wollten sie nicht genannt werden.

Schließlich darf den Leser nicht überraschen, daß die hier vorzustellenden Instrumente nicht immer das gewohnte oder erwartete Bild zeigen, wie es ihm aus „klassischen" Beispielen geläufig sein mag. Es geht u.a. auch darum, die unbekannten Seiten großer Meister hervorzukehren und das oftmals etwas schematische Bild von ihrer Arbeit und ihrem Stil zu korrigieren.

Es kann überhaupt keinem Zweifel unterliegen, daß die allermeisten im Geigenhandel angebotenen Objekte in ihrer Zuordnung richtig sind. Dem in seiner Zuweisung weitgehend verläßlichen Angebot stehen andererseits kaum verständliche Abweisungen gegenüber, wenn es darum geht, ein offiziell noch nicht anerkanntes Instrument von nicht unbedeutendem oder gar hohem Rang im Handel durchzusetzen.

Dafür gibt es verschiedene Gründe.

Der weitaus wichtigste scheint die zu wenig bewegliche Vorstellung davon zu sein, wie die Instrumente bestimmter Meister auszusehen hätten. Die oft allzu festgelegte und tradierte „Normvorstellung" ist in der Regel durch besonders typische, besonders vollkommene, oft in Generationen von Attesten überlieferte Instrumente bestimmt und gleichsam überhöht: bei dieser Zuordnung darf keines der lehrbuchmäßig geforderten Attribute fehlen.

Diese Normvorstellung wird indessen nur den klassischen und besonders typischen Fällen, nicht aber der Vielfalt der Realität gerecht. Es gilt hier auf einen kaum zur Kenntnis genommenen, aber unwiderleglichen Tatbestand hinzuweisen: Mit Ausnahme der Stradivari-Werkstatt, in der unter strenger gegenseitiger Kontrolle annähernd gleichmäßig gearbeitet wurde und Regelwidrigkeiten weitgehend fehlen (nur in der frühesten und in der spätesten Periode sind sie in beschränktem Umfang feststellbar), haben weder die übrigen großen noch die mittleren, geschweige denn die kleineren Meister immer nach Schablone und unverrückbarem Modell gearbeitet. Sie hielten natürlich — in einem zumutbaren Rahmen — gewisse Üblichkeiten, Faustregeln oder auch Schemata ein, aber sie haben sich nicht so starr und unbeugsam nach diesen Standardvorschriften gerichtet, daß man etwa, um ein konkretes Beispiel herauszugreifen, dekretieren dürfte, die Corpuslänge von Violinen der klassischen italienischen Geigenbauzentren dürfte 36,0 cm nicht erreichen, geschweige denn überschreiten: sie müsse also darunter sein. Es ist nicht schwer, unwiderleglich nachzuweisen, daß allein von Antonio Stradivari (z.B. bei K. Jalovec, aber auch bei O. Möckel) ein gutes Dutzend Violinen überliefert sind, die 36,0 cm Corpuslänge oder darüber messen. Außerhalb Cremonas, z.B in Venedig, wird dieses Normmaß noch häufiger und mitunter erheblicher überschritten. Von C.A. Tononi wird eine Violine mit 36,6 (!) cm Corpuslänge vorzustellen sein, aber auch andere Meister, wie z.B. F. Gobetti, haben sich nicht an das angebliche Limit, das mitunter als Geheimwissen gehandelt wird, gehalten. Die italienischen Meister haben also in einem wesentlich größeren Rahmen, als ihnen im allgemeinen zugebilligt wird, ihrer Improvisation freies

9

Spiel gelassen, oft ohne Schablone und ohne Model gearbeitet und infolgedessen mitunter recht asymmetrische Umrisse zuwege gebracht. Sie haben sich nicht auf absolut starre Maße festlegen lassen; vor allem haben sie es verstanden, ihre Variationsbedürfnisse den Wünschen und dem Geldbeutel ihrer Kunden anzupassen. Für weniger zahlungskräftige Kunden haben sie billigere, in der Holzwahl mindere, d. h. minder teure, in der Ausarbeitung weniger sorgfältig ausgeführte Tonwerkzeuge gebaut. Um die Instrumente billiger zu machen, konnten z.B. die Einlagen fehlen oder nur gekritzelt sein, oder es wurden weniger Lackschichten aufgetragen (der Lack selbst konnte minder gut, d. h. billiger sein), oder es wurden Holzteile, die beim Zuschneiden erstklassiger Instrumente als „Abfall" übrig blieben, in 5 - 7 Stücken zu einer Dekke zusammengefügt. Die italienischen Meister haben sich offenbar auch vor „Anleihen" bei Kollegen einer anderen Werkstatt nicht gescheut; wenn ein gerade benötigtes Utensil bei ihnen selber nicht zur Hand war, haben sie es bei einem Nachbarn ausgeliehen oder geholt, ohne Rücksicht darauf, ob es etwa den Stil ihrer Instrumente verderbe. So dürfen wir getrost annehmen, daß bei solchen in Material und Arbeitsaufwand „minderen" Instrumenten, durch Auftrag oder Laune, mitunter so viele Abweichungen entstanden, daß das dem heutigen Prüfer vorschwebende Idealmodell nur mit großer Mühe oder überhaupt nicht mehr erkennbar sein mag.

Es wäre indessen ein verfehlter Schluß zu folgern, daß diese einfacheren und oft minder typischen Instrumente den besser gearbeiteten im Klang wesentlich nachgestanden hätten. Mit ihren „minderen" Instrumenten haben die Meister ihre weniger kaufkräftigen Kunden nicht betrogen. Auch den Instrumenten, bei denen sie billigeres Material und weniger Arbeitszeit verwendeten, haben sie die Klangqualitäten verliehen, die für sie typisch sind. Es ist nicht schwer, für diese Behauptung Beispiele und Beweise beizubringen.

In jedem Standardwerk ist nachzulesen, daß bedeutende Meister wie C.F. Landolfi oder L. Storioni, wie Joseph Guadagnini („Il soldato") oder die ganze Familie der Gagliano, ja selbst der große Joseph Guarnerius del Gesù gelegentlich mit billigem Material in einer geradezu nachlässig zu nennenden Weise gearbeitet haben. Aber alle diese weniger sorgfältig und mit minderen Zutaten gebauten Instrumente sind, falls sie in den wesentlichen Teilen unbeschädigt erhalten sind, klanglich für den jeweiligen Meister kennzeichnend. Falls dem Auge, das bei diesen Meistern mitunter sehr enttäuscht wird, Zweifel kommen, kann das Ohr es hören. Sollten also bei einem zu prüfenden Instrument als unerläßlich angesehene Stilmerkmale fehlen oder sollte das Auge Mühe haben, die vorhandenen — wegen fehlender anderer — richtig einzuordnen, kann ihm nur das Ohr zu Hilfe kommen. Nur der Ton eines zu beurteilenden

Instrumentes kann bei materialbedingten, handwerklichen oder stilistischen Zweifeln einen hinreichenden Aufschluß über dessen Herkunft und Größenordnung geben.

Hier freilich erweist sich ein Umstand als Hindernis, der nur als Kuriosum verzeichnet werden kann. Der Ton eines Streichinstruments steht bei der Beurteilung durch den Geigenhandel in der Regel überhaupt nicht zur Diskussion. Es kann als geradezu aufsehenerregende Ausnahme angesehen werden, wenn ein Experte oder Auktionator ein Streichinstrument anders als durch bloße handwerklich-ästhetische Betrachtung beurteilt; es kommt kaum vor, daß er es, den Ton nach- oder mitprüfend, anstreicht. Der Ton gilt also bei der Bestimmung eines Streichinstrumentes als irrelevant, als „non-existent". Er wird nicht in gleicher Weise wie das äußere Erscheinungsbild sorgfältig geprüft; er wird nicht in seiner Ergiebigkeit und Färbung definiert, meist wird er nicht einmal zur Bestätigung und Ergänzung des ästhetischen Urteils ausreichend kontrolliert. Niemand vom Fach wird bezweifeln, daß das konstituierende Merkmal eines Tonwerkzeugs sein Klangvermögen ist; dennoch gilt es als zufällig, mindestens als nicht „objektivierbar". Ignoriert man indessen die vorrangige Bestimmung einer Violine (und ihrer Familie), ein Musikinstrument zu sein, so wird die ästhetisch-handwerkliche Beurteilung reiner Selbstzweck: Der Geigenhandel wird zum bloßen Kunstmarkt.

Den Experten und allen mit dieser Materie geschäftlich Umgehenden kann nicht verborgen geblieben sein, daß die Rangordnung der Streichinstrumente, d.h. ihr Ladenpreis, nicht durch sie, die Händler, geschaffen wurde. Die Rangordnung der Streichinstrumente und die heute gültige Abstufung der Meister und der ihnen gebührenden Preise wurde weitgehend, wenn nicht ausschließlich, durch die ausübenden Musiker, durch die mit dem Ton operierenden und von ihm lebenden Künstler etabliert. Sie haben in maßgeblicher Weise, und nicht erst heute, sondern schon seit langem, die verbindliche Skala geschaffen, in der Stradivari, Guarnerius del Gesù und Carlo Bergonzi am höchsten notiert sind. Und sollte einmal der Fall eintreten, daß ein bislang unterschätzter Meister aufsteigt, so im allgemeinen nicht primär durch die Wertung des Handels, sondern durch das sich Respekt verschaffende Urteil von ausübenden Künstlern. So hat Joseph Joachim Ende des vorigen Jahrhunderts durch seinen Einsatz für Joannes Baptista Guadagnini (er empfahl jedem Geiger, der sich keine Stradivari leisten konnte, eine J. B. Guadagnini-Violine zu kaufen) diesen Meister in seinem Ansehen und Handelswert gesteigert. Und in diesem Jahrhundert war es Pablo Casals, der den weitgehend unbekannten Matteo Goffriller akzeptabel gemacht hat. Über den längsten Teil seiner gut 60 Jahre währenden solistischen Tätigkeit hat er ein M. Goffriller-Violoncello gespielt und es klingenderen Namen vorgezogen. Schließlich hat sein Einsatz es dahin gebracht, daß es heute einem Violoncellisten ebenso wohl ansteht ein Instrument von M. Goffriller wie eines von Carlo Bergonzi (das ebenfalls von Goffriller stammen kann) oder Domenico Montagnana im Konzert zu spielen.

Um aber keine Zweifel über die Etablierung einer Rangordnung aufkommen zu lassen: Der Handel hätte die Neubewertungen nicht mitgemacht und die Empfehlungen der Künstler hätten nichts gefruchtet, wenn durch sie nicht wirklich verkannte Qualitäten bislang unterschätzter Meister aufgedeckt und in der Skala der Bewertung berichtigt worden wären. Auch diese Beispiele führen nicht daran vorbei, daß letztlich immer die tonale Qualität eines Instruments über die ihm zugrundeliegende Rangordnung entscheidet.

Bei der Abwägung von handwerklich-ästhetischen, mit dem Auge erkennbaren Merkmalen des äußeren Erscheinungsbildes und den nur vom Ohr wahrnehmbaren klanglichen Qualitäten eines Streichinstrumentes tritt indessen eine weitere Schwierigkeit auf, die den Wert des sichtbaren „Kunstwerks" zu Ungunsten der nur hörbaren Tonergiebigkeit relativiert. Es ist dem Laien nur schwer verständlich zu machen, und auch der Geigenhandel scheint über die Tatsache nicht sehr glücklich zu sein, daß die handwerklich-ästhetische Perfektion eines Streichinstruments für seine mögliche tonliche Qualität weitgehend irrelevant ist. Beide Eigenschaften stehen zueinander nicht in einer funktionalen Beziehung: d.h., je schöner eine Violine gebaut ist, desto besser klingt sie. Das genaue Gegenteil kann — wenn auch nicht immer, so doch häufig genug — richtig sein. Ein mit großer Vollkommenheit gearbeitetes und ästhetisch befriedigendes Instrument kann — sehr zum Leidwesen aller Beteiligten — in seiner Tonqualität weitgehend enttäuschen; umgekehrt kann ein nachlässig oder zumindest sehr unvollkommen gearbeitetes, mit minderen Materialien hergestelltes, in tonlicher Hinsicht die höchsten Ansprüche befriedigen. Die besten Beispiele dafür sind die bereits erwähnten Violinen des Joseph Guarnerius del Gesù, die neben seinen schönsten und besten Arbeiten als nachlässig gearbeitete Instrumente in stattlicher Anzahl vorkommen.

Es kann also wohl nicht länger bezweifelt werden, daß die Beschaffenheit des Tons in keiner ablesbaren Relation zum äußeren Erscheinungsbild eines Streichinstruments steht. Dennoch soll nicht bestritten werden, daß sich die äußere Vollkommenheit des Erscheinungsbildes bei Instrumenten großer Meister mit einem besonders schönen und herausragenden Ton verbinden kann.

Die unvermeidliche Konsequenz dieser Feststellung bedeutet, daß die tonliche Qualität eines Streichinstruments unabhängig vom äußeren Erscheinunsgbild geprüft werden muß. Es darf einem Instrument der seinem ästhetisch schönen Äußeren entsprechende Rang des Tons nicht einfach unterstellt werden. Der äußere Zustand kann für das Auge fehlerlos, ja vollkommen sein, und dennoch kann die erwartete tonliche Qualität fehlen. Nicht etwa wegen einer falschen Zuordnung, sondern, weil die für den Klang verantwortlichen Teile nicht genügend miteinander abgestimmt und überprüft sind. Der klangliche Zustand muß mit der Zuweisung in Übereinstimmung gebracht werden; läßt sich diese Übereinstimmung nicht erzielen, muß die Zuweisung überprüft werden. Sie muß auch dann überprüft werden, wenn ein niedrig eingestuftes, äußerlich belanglos erscheinendes Instrument in tonlicher Hinsicht alle Erwartungen übertrifft.

Die Tonqualität eines Streichinstruments ist einerseits nicht zufällig, andererseits ist sie objektivierbar.

Wäre die Tonbeschaffenheit eines Streichinstruments nicht eine dem herstellenden Meister immanente Qualität, und zwar unabhängig davon, ob er im Einzelfall hervorragend oder mehr nachlässig gearbeitet hat, so könnte jeder Geiger auf gut Glück darauf warten, daß ihm einmal ein äußerlich unscheinbares, von einem geringeren oder sogar unbekannten Meister stammendes Instrument begegne, das nicht nur einen unerwartet großen Ton habe, sondern sogar sein anspruchsvolles Tonideal erfülle. Um einem weiteren Mißverständnis vorzubeugen, muß hier mit Nachdruck auf eine Tatsache hingewiesen werden, die meist nicht deutlich bewußt ist. Man muß nämlich ganz entschieden zwischen der — subjektiven — Klangvorliebe eines Spielers und Hörers und der davon unabhängigen — objektiv feststellbaren — Größe und Ergiebigkeit des Tons unterscheiden. Jeder Spieler hat, ob bewußt oder unbewußt, eine bestimmte Affinität vor allem zur Farbe des Tons (hell oder dunkel, leuchtend oder verhalten, beherzt oder intim, usw.); es ist deshalb mitunter für ihn schwer, von seiner ihm selber vielleicht nicht bewußten Vorliebe die durchaus verschiedene Frage der Tragfähigkeit des Tons und seines erweckbaren Volumens zu trennen. Ist er sich jedoch dieser Schwierigkeit bewußt, wird er unter kontrollierbaren Bedingungen, d.h. bei einer ausreichenden Versuchsanordnung, durch Spielen, Hören, Vergleichen, dazu in verschiedenen Räumen und in verschiedenen Besetzungen, feststellen können, welches von mehreren ihm vorliegenden Instrumenten den ergiebigeren und größeren Ton hat, unabhängig davon, ob Qualität und Färbung dieses Tons seinem Ideal entsprechen oder nicht.

Der persönliche Geschmack ist die eine bei der Wahl eines Tonwerkzeugs maßgebliche Rahmenbedingung; es steht außer Frage, daß wohl in den meisten Fällen der persönliche Geschmack entscheidet. Die andere, nicht minder wichtige Rahmenbedingung ist die durchaus feststellbare absolute Größe und Ergiebigkeit des Tonvolumens. Wählt man nach ihr, wird man niemals mit einem weniger wertvollen Instrument zurechtkommen. Dagegen braucht die Befriedigung des persönlichen Geschmackes nicht unbedingt teuer zu sein.

In diesem Punkt stimmt der Handel zu. Aber man sollte nicht immer wieder in Abrede stellen wollen, daß Volumen und Schönheit des Tons in einer überprüfbaren Relation zu der im Preis und in der Zuweisung intendierten Größenordnung des Instrumentes stehen. Bei einer weitgehenden Vernachlässigung des Klanges besteht nicht nur die Gefahr, daß der tonliche Wert eines Instruments mit seinem Preis verwechselt wird, sondern daß allmählich auch die Fähigkeit verloren geht, die Übereinstimmung der klanglichen Ergiebigkeit mit der Einstufung des Instruments in der Expertise zu kontrollieren.

Es sollte also im Geigenhandel nicht nur der meist stimmige Name verkauft werden, sondern mit der Zuweisung muß der optimale tonale Zustand des Instruments untrennbar verbunden sein. Die volle klangliche Präsenz kann jedoch nur festgestellt und garantiert werden, wenn der Ton in sein volles Recht eingesetzt und in gleicher Weise wie der äußere Erhaltungszustand ad notam genommen wird.

Es ist verständlich, daß eine Stradivari-Violine mit nicht originaler Schnecke und ramponiertem Lackbild den Standardpreis bei weitem nicht erreicht. Dennoch muß auch sie, falls nicht andere, den Ton behindernde Schäden vorhanden sind, so gut klingen wie eine Stradivari mit echter Schnecke und besser gepflegtem Lack. Ein großes und namhaftes Instrument, gleichgültig wie sein Äußeres heute beschaffen sein mag, klingt doch erst dann nicht mehr, wenn es Schäden aufweist, die vielleicht dem Auge gar nicht auffallen, die aber aus ihm ein klangliches Wrack machen. Das sind z.B. verdünnte Böden oder Decken, Stimmrisse und Futter, nicht zusammengehörige Teile und anderes mehr. Ein wohlerhaltenes Äußere bürgt noch nicht für einen adäquaten Klang, aber nicht jeder äußerliche Fehler beeinträchtigt den Ton (wohl aber den Preis). So berechtigt es also ist, wertmindernde Schäden des äußeren Erhaltungszustandes im Preis zu berücksichtigen, so sinnwidrig ist es, den äußeren Erhaltungszustand allein zum Kriterium einer Expertise zu machen. Der erzielbare Klang muß mit der handwerklich-stilistischen Einschätzung übereinstimmen; das „Klangdefizit", das von jedem geschulten Ohr unter entsprechend gewählten Versuchsbedingungen wahrgenommen werden kann, muß, falls es unüberhörbar ist, beseitigt und somit eine Übereinstimmung mit der stilistischen Zuweisung hergestellt werden. Der Ton muß ein ebenso verbürgter Parameter der Expertise werden wie die handwerklich-stilistische Analyse und Bestimmung.

Dazu bedarf es freilich der Fähigkeit, den Rang eines Klanges bestimmen zu können. Diese Fähigkeit tritt leider nicht immer zutage. Der beherzte Otto von Schulmann hat sich bereits 1961 in seinem Büchlein „Echt oder falsch" (das mit zum Besten und Vernünftigsten zählt, was bislang über italienische Geigen geschrieben wurde) eindeutig zu diesem Thema geäußert. Es heißt auf S. 33/34:

„Da die Geige letzten Endes eine Tonerzeugerin ist, sollte dem *Tone*.. eine besonders große Rolle bei der Bewertung zuerkannt weden, was häufig jedoch nicht der Fall ist... (Es) macht sich... bei Beurteilung von Tonfragen innerhalb des Kreises der Händler häufig eine Gleichgültigkeit bemerkbar, die bisweilen geradezu in Verständnislosigkeit ausartet. Jeder, der sich mit alten Meistergeigen beschäftigt hat, weiß, daß auch heute noch gelegentlich Geigen auftauchen, die sich allen Bestimmungsversuchen mit Erfolg entziehen, aber über die tonlichen Qualitäten altitalienischer Geigen hoher, ja höchster Klasse verfügen. ... Diese Aschenbrödel des Geigenhandels verschwinden nach negativer Begutachtung meist ziemlich schnell und häufig für immer von der Bildfläche. Ein großer Verlust, wenn man den großen Mangel an tonlich bedeutenden alten Geigen in die Rechnung stellt! Es wird eine wichtige Aufgabe der Zukunft sein, diesen Stiefkindern des Geigenhandels die ihnen gebührende Anerkennung und Bewertung zu verschaffen."

Jedenfalls ist die heutige Gepflogenheit des Expertisierens etwas zu einseitig auf den äußeren Zustand fixiert. Es wäre ein großer Gewinn, wenn die Analyse vielseitig werten würde: Neben den handwerklich-stilkundlichen und kunsthistorischen sollten auch die klanglichen Kriterien untersucht und bewertet werden. Das würde neue, ergänzende Aspekte bedeuten; sie werden häufig bekräftigen können, was das äußere Bild erwarten läßt.

DIE FRÜHZEIT DES GEIGENBAUS IN VENEDIG
MIT DEN VORLÄUFERN AUS FÜSSEN

Lange bevor die klassischen Geigenbauzentren in Absam, Brescia und Cremona die definitiven Typen der Instrumente der Violinfamilie etabliert hatten, befanden sich Lautenmacher in Venedig. Meist waren es keine Einheimischen, die diesem Erwerbszweig oblagen, sondern überwiegend aus Füssen zugewanderte Meister. Als erster Lautenmacher in Venedig ist ein Füssener namens Sigmund Maler im Jahr 1450 und dann noch einmal im Jahr 1526 belegt. Das zweite Mal kann es sich bereits um einen Sohn gleichen Namens gehandelt haben; sonst müßte man dem ersten eine mehr als 75jährige Arbeitszeit in Venedig zubilligen. Da die Füssener Meister, wo immer sie außerhalb ihrer Heimat siedelten, familien- und gruppenweise auftraten, dürfte Sigmund Maler nicht der einzige Füssener Lautenmacher in Venedig gewesen sein.

Erst in den letzten Jahren ist die maßgebliche und in ihrer Reichweite kaum abzusehende Rolle der Füssener Lauten- und Geigenmacher ins Bewußtsein getreten. Füssen war das erste große Zentrum von Lautenmachern in Europa; sie etablierten sich bereits im 15. Jahrhundert. Im Jahr 1562 erhielten sie eine eigene Handwerksordnung, die am 22. April 1606 zu einer zweiten Zunftordnung erweitert wurde. Bis zum Beginn des Dreißigjährigen Krieges stellten die Füssener die bedeutendste Lautenmacherschule dar. Ihr Ruhm wuchs in dem Maße, wie die in ihr ausgebildeten Meister in nahezu alle Länder Europas zogen, um neue Arbeitsstätten zu gründen, und um dieses schöne Handwerk auch in fremden Landen auszubauen und zu befruchten.

Die Rolle der Füssener Schule bei der Entstehung der definitiven Violine ist ungeklärt, doch ist anzunehmen, daß die neugierige und beflissene Initiative der Füssener Meister auch der endgültigen Violine nachspürte und zustrebte. Deshalb ist es wahrscheinlich, daß die „Füssener Keimzelle" (A. Greither) eine im einzelnen zwar nicht belegbare, aber im Effekt maßgebliche Rolle gespielt hat.

Das zeigt eindringlich das Beispiel des namhaftesten Lautenmachers, der aus Füssen ausgewandert ist, Kaspar Tieffenbrugger.

Adolf Layer hat 40 verschiedene Schreibweisen seines sowohl für italienische als auch für französische Zungen unaussprechlichen Namens nachgewiesen. Die häufigste französische Fassung wurde Gaspard Duiffoprugcar. Gerade in dieser phonetisch assimilierten Form kann man das ursprüngliche Allgäuer Kolorit des Namens noch gut hören. Die sprachgeschichtlich und philologisch korrekteste deutsche Fassung ist nach A. Layer Tieffenbrugger oder Tieffenbrucker (A. Layer verwendet beide Versionen. Phonetisch ist wohl diejenige mit gg vorzuziehen).

Der Meister wurde (wohl 1514) im Weiler Tieffenbruck, der zur Gemeinde Roßhaupten bei Füssen gehörte, geboren. In diesem Tieffenbruck war laut einer Füssener Probstamtsrechnung im Jahr 1532 ein Lautenmacher tätig. Nach A. Layer war es der ältere Bruder Michael Tieffenbrugger. Als Kaspar im Alter von 25 Jahren seine Lehre abgeschlossen hatte, ging er nach altem Handwerksbrauch für einige Jahre in die Fremde. Es ist so gut wie sicher, daß er sich in Italien aufgehalten hat, und zwar sowohl in Bologna als auch in Venedig. Dort wirkte als Lautenmacher ein Ulrich (I) Tieffenbrugger, der 1521 in Venedig nachgewiesen ist, und nach einiger Zeit wieder nach Bologna zurückkehrte. Mehr noch als von ihm mag Kaspar Tieffenbrugger in Bologna von Laux Maler angezogen worden sein, der als Lautenmacher weit berühmt war und den Lütgendorff als den „Stradivari der Laute" bezeichnet. Möglicherweise war Laux Maler in den Jahren 1539 — 1544 (in denen Kaspar Tieffenbrugger seine italienischen Lehrjahre verbracht haben muß) nicht mehr selbst in der Werkstatt tätig, aber sein Ruf war unvermindert groß.

In Venedig wirkten übrigens in der Jahrhundertmitte zwei weitere Tieffenbrugger, Leonardo und Magnus I. Wahrscheinlicher ist indessen, daß sich Kaspar Tieffenbrugger die meiste Zeit seiner italienischen Lehre in Bologna aufgehalten und als Lautenmacher weitergebildet hat. Ende 1543 oder Anfang 1544 kehrte er nach Füssen zurück und wurde dort durch die Heirat mit einer Bürgerstochter (22. April 1544) Bürger von Füssen.

Doch scheint es ihn nicht lange dort gehalten zu haben. A. Layer: „Es war eine unruhige Zeit im oberen östlichen Allgäu, — jene Jahre um 1545, in denen wir den jungen Meister in Füssen wissen. Zwei Dezennien zuvor hatte der Knabe den im Allgäu heftig entbrannten Bauernkrieg erlebt. Gegen Ende des Jahres 1543 hatte es wieder in der Füssener Gegend gegärt und der neugewählte Augsburger Fürstbischof hatte hier zu Beginn seiner Regierungszeit einer religiös-revolutionären Bewegung mit Gewalt begegnen müssen. Kaum zweieinhalb Jahre später zog das Gewitter des Schmalkaldischen Krieges auf, als Oberst Schwertlin am 9. Juli 1546 mit 11 000 Mann vor Füssen erschien, das sich ihm ergeben mußte. Solche unruhigen Zeitläufe waren dem Handwerk und Handel Tieffenbruggers (sic!) keineswegs günstig" (1955, p.194).

Da Tieffenbrugger offenbar nicht nur Lautenmacher, sondern auch Tuchhändler war, wählte er sich als neue Heimat einen Ort aus, der sich im Schnittpunkt bedeutender europäischer Handelsstraßen befand: die zu einem wirtschaftlichen Mittelpunkt ins Südwesteuropa aufgestiegene Stadt Lyon.

Vielleicht trugen auch familiäre Umstände zu dem Entschluß Tieffenbruggers bei, die Heimat für immer zu verlassen. Möglicherweise verlor er bald nach der Heirat die Ehefrau. Unsicher ist indessen, wann die endgültige Übersiedlung erfolgte; Tieffenbrugger ist zwar erst 1553 archivalisch in Lyon nachweisbar, aber es ist anderen Umständen zu entnehmen, daß er zu dieser Zeit schon lange in Lyon seßhaft war. Sonst hätte ihn z.B. König Heinrich II. bei der schließlichen Verleihung des Bürgerrechts im Jahr 1558 nicht „unseren teuren und viellieben Kaspar Tieffenbrugger" genannt.

Tieffenbrugger hat in Lyon eine zweite Frau mit Namen Barbe Homeau geheiratet und mit ihr vier Kinder gehabt, die bei seinem Tode (1571) alle großjährig waren. Man muß also annehmen, daß er in den Jahren zwischen 1545 und 1548 nach Lyon gekommen ist. Er war dort sowohl als Handelstreibender als auch als Lautenmacher erfolgreich; schnell kam er zu Besitz und Ansehen.

Aber auch in Lyon waren ihm die weiteren Zeitläufte nicht günstig. Als die französische Regierung im Jahr 1564 vor Lyon eine Zitadelle zu errichten begann, gerieten sein Haus und sein Weinberg in den Bereich des Festungsgrabens. Tieffenbrugger wurde im Lauf der folgenden Jahre enteignet; die dafür festgesetzte Entschädigungssumme wurde ihm jedoch — infolge Finanzkrise und schließlichem Staatsbankrott – niemals ausbezahlt. Der sich schnell ausbreitende musikfeindliche Calvinismus nahm ihm überdies seine guten Kunden aus der gehobenen bürgerlichen Schicht. So geriet er immer mehr in wirtschaftliche und menschliche Bedrängnis und starb am 16. Dezember 1571 im Alter von nur 57 Jahren. Seine Witwe setzte erst viel später für die Hinterbliebenen eine lebenslängliche Rente durch.

Im Jahr 1562, in den Zeiten seines großen Erfolges, ließ sich Kaspar Tieffenbrugger von dem angesehenen Kupferstecher Pierre Woeriot de Bouzay, der u.a. auch Calvin und die Dichterin Louise Labé abgebildet hatte, porträtieren (er ist auf dem Stich als 48jähriger Mann genannt, so daß man sein Geburtsjahr mit 1514 annimmt). Dieser Kupferstich (Abb. 1), auf dem der vollbärtige Meister von vielerlei Streichinstrumenten eingerahmt ist, hat Anlaß zu heute noch andauernden Meinungsverschiedenheiten über Tieffenbruggers fragliche Rolle bei der „Erfindung" der endgültigen Form der Violine ausgelöst.

18

Caspar Duiffoprugcar.
Vina fui, in filuis fum dura occifa securi.
Dum uixi, tacui: mortua dulce cano.
æta. ann.
XL VIII

1. Caspar Duiffoprugcar
Kupferstich von Pierre Woeiriot, 1562
Graphische Sammlung der TH Zürich

Kehren wir zu den in Venedig wirkenden Lauten- und Geigenmachern aus Füssen zurück. Kaspar Tieffenbrugger war also möglicherweise eine Zeitlang mit den genannten Ulrich, Leonardo und Magnus I. Tieffenbrugger zusammen oder mit ihnen wenigstens bekannt. Mit den späteren Mitgliedern der weit verzweigten Familie Tieffenbrugger in Venedig ist er jedoch nicht in Berührung gekommen, weil alle wesentlich jünger waren als er. Bei ihnen handelt es sich bereits um die nächste Generation. So wird ein Leonardo II. Tieffenbrugger im Jahr 1590 in Venedig vermutet (er wirkte auch noch in Padua), ein Magnus II. Tieffenbrugger ist von 1580 - 1621 in Venedig nachgewiesen (von ihm wird eine Laute vom Jahr 1593 abzubilden sein), ein Moises I. und ein Johannes III. Tieffenbrugger jeweils 1592 bis nach 1600, und schließlich ein Wendelin I. — außer in Bologna — auch in Venedig (1626 dort belegt) tätig gewesen (R. Bletschacher).

Außer den mindestens 6 Füssener Lautenmacher namens Tieffenbrugger und den (offenbar) 3 Generationen der Familie Maler sind in Venedig nach 1560 noch weitere Allgäuer Lautenmacher nachzuweisen:

Johann (Giovanni) Hieber:	1560, 1590 (zeitweise auch in Rom und Padua)
Jakob Langenwalder:	um 1590 — 1605
Martin (Georg?) Kaiser:	1595 (auch in Padua und Neapel tätig)
Martin Steger:	1590
Dovigo Spielmann:	16. Jahrhundert (auch in Padua tätig)
Michael Hartung (Harton):	1590 (?) 1630
Matthäus Seelos (Sellas):	1600 — 1645
Georg (Giorgio) Seelos (Sellas):	1624 und 1627 belegt, 1654 in Venedig gestorben.

Von allen diesen Füssener Meistern in Venedig und Oberitalien sind — bis auf eine noch zu erwähnende Violine des Magnus Lang (Mangno Longo) vom Jahr 1597 in Padua — nur wenige Violinen oder andere Instrumente der Violinfamilie überliefert. Diese Meister waren bis in die 2. Hälfte des 16. Jahrhunderts überwiegend Lautenmacher, „liutai". In diesem Zweig bewiesen sie jedoch eine Kunstfertigkeit, die mitunter den für den Bau von Violinen erforderlichen Standard noch erheblich zu überbieten vermochte.

Von einer Laute des bereits genannten Magnus Tieffenbrugger 1593 ist die Originaldecke leider nicht erhalten; sie dürfte indessen kaum weniger kunstvoll gewesen sein als die von Antonio Stradivari 100 Jahre später dazugemachte (Abb. 2). Repariert wurde das Instrument von einem Allgäuer Geigenbauer des 19. Jahrhunderts, Dominikus Kasper in Wangen i.A. 1872.

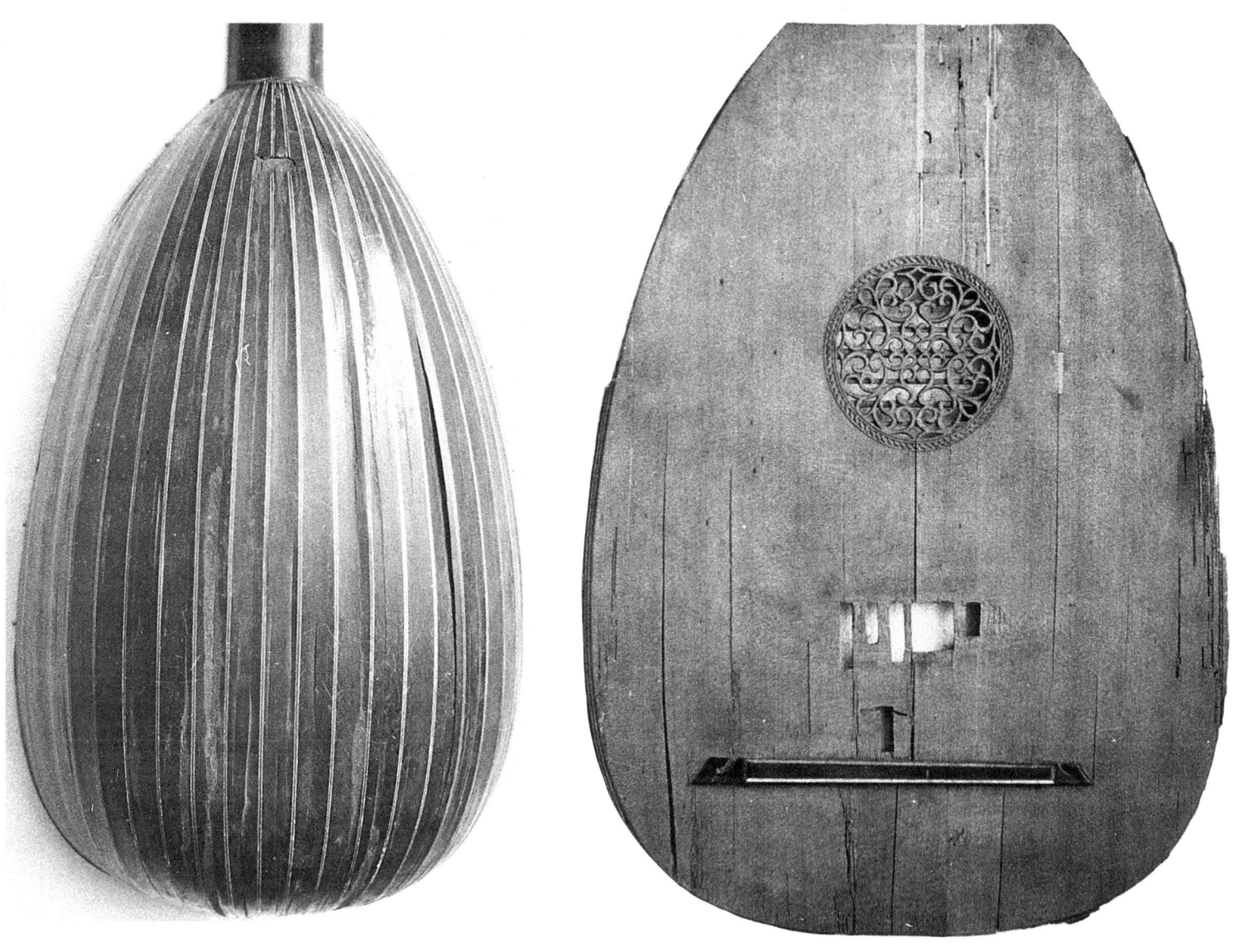

2. Laute von Magnus Tieffenbrugger, Venedig 1593
zu der Antonio Stradivari im Jahr 1695 eine neue Decke fertigte
(Originalzettel auf S. 22). Das Instrument trägt ferner einen Reparaturzettel
von Domenikus Kempter, Wangen i. A., 1872
(Staatl. Institut f. Musikforschung, Preußischer Kulturbesitz, Berlin)

Ein originales Beispiel höchster venezianischer Schnitz- und Einlegekunst kam erst kürzlich auf den Markt. Es handelt sich um eine als Zierinstrument gebaute Gitarre des Matthäus Seelos (Matteo Sellas), der von 1600 bis 1645 in Venedig arbeitete. Diese — im angebotenen Zustand unbesaitete — Gitarre trägt eine Fichtendecke, bei der die Gleichmäßigkeit der Jahresringe geradezu exzeptionell zu nennen ist. Die Einlegearbeiten aus Elfenbein und die aus dem gleichen Material geschnitzte Rosette verkörpern ein hohes Maß von handwerklicher und künstlerischer Vollkommenheit (Abb. 3 und I).

Eine fast noch reicher verzierte und geschmückte Gitarre von Matteo Sellas beschreibt K. Jalovec in der 1. Auflage seiner „Italienischen Geigenbauer". Er gibt Maße und Entstehungszeit im Text (S. 315) genau an, doch ist in der dazugehörigen Abb. 273 auf S. 304 das Datum statt 1600 irrtümlich mit 1730 angegeben. In der 2. Auflage steht zwar noch der Texthinweis, aber die Abbildung der Gitarre fehlt.

Die hier angenommene frühe Entstehung der in Abb. 3 und I gezeigten Gitarre des Matteo Sellas (zwischen 1600 und spätestens 1620) wird unterstützt durch eine Gitarre seines Sohnes Giorgio Sellas aus dem Jahr 1627, die sich im Ashmolian Museum in Oxford befindet. Sie ist von K. Jalovec (Artia Verlag 1959, Abb. 274, S. 231) sowie im bei W.E. Hill erschienenen Katalog dieses Museums abgebildet.

3. Gitarre von Matteo Sellas, Venedig, 1. Hälfte des 17. Jahrhunderts
   Sotheby, London, Auktion vom 18.12.84

Die Entstehung der Violine

Heute spricht man nicht mehr von einem „Erfinder" der Violine. Man sucht auch nicht mehr nach ihm. Man weiß, daß die Violine als Sonderform des Oberbegriffes „Geige", worunter lange Zeit alle Streichinstrumente der heutigen Geigenfamilie verstanden wurden, an mehreren Orten und unter verschiedenen Bedingungen entwickelt wurde. Hier sind auf italienischem Boden Kaspar Tieffenbrugger, Gaspar da Salò und Andrea Amati so wichtig wie im süddeutschen Bereich die Bemühungen der nichtprofessionellen Macher.

Instrumentenkundlich ist das lange entbehrte Diskantinstrument der Viola-Gruppe aus dem Rebec und aus der Lira hervorgegangen. Es scheint erwiesen, daß zwischen 1500 und 1530 ein dreisaitiges violinähnliches Instrument aufgekommen ist (Karel Moens nennt es durchgehend „Lira"), mit der annähernden Form des heutigen Umrisses der Violine, wenn auch noch mit grober Kontur und ungeschlachten C-Bügeln (Boyden, Geiser u.a.).

Auch das Corpus näherte sich bei der Lira bereits der Violinform an. Der entscheidende Schritt zur viersaitigen Violine mit dem heute als „klassisch" empfundenen Umriß ist dann wohl zwischen 1540 und 1560 vollzogen worden; Boyden nimmt 1550 an. Datierbare Exemplare der definitiven Violine, wenn auch nicht unbedingt in unverändertem Originalzustand, werden Gaspar da Salò ab 1560, Andrea Amati ab 1564 zugeschrieben. C. Bonetti will eine Violine A. Amatis nicht nur als Beweis für Amatis früher als bisher angenommene Geburt, nämlich spätestens 1511 — bislang ca. 1530 geschätzt — annehmen, sondern auch für dessen „Erfindung" der Violine. Das ist indessen eine völlig unergiebige Spekulation; denn selbst, wenn Andrea Amati um einiges älter wäre als bisher angenommen (was an sich schon unwahrscheinlich ist), so hat er im Jahre 1546 keine Violine gebaut. George Hart hat nachgewiesen, daß diese A. Amati zugeschriebene Violine ein dreisaitiges „Vorinstrument" der Violine, also eine Lira war, das erst im 19. Jahrhundert zu einer definitiven viersaitigen Violine umgebaut wurde.

Damit befinden wir uns inmitten der Schwierigkeiten der wissenschaftlichen Diskussion. Es gilt heute nicht mehr als sicher, daß die eben erwähnten frühen Violinen der „klassischen" italienischen Geigenbauzentren wirklich die allerältesten sind; die möglicherweise früheren oder zumindest gleichzeitig anzusetzenden Instrumente der Spielleute sind in letzter Zeit stärker beachtet worden. Große Schwierigkeiten bereiten die Fragen der Nomenklatur, während das ikonographische Material inzwischen ganz gut überschaubar ist.

Um in der — sich auf das Wesentliche beschränkenden — Untersuchung der Entstehung der Violine keine Betrachtungsweise außer Acht zu lassen, soll auf folgende Aspekte kurz eingegangen werden:

1. Die musikhistorischen und philologischen Daten;
2. Die Violinen der Spielleute und in der Volksmusik (einschließlich der „polnischen Geigen");
3. Die ikonographischen Belege;
4. Die ältesten erhaltenen Violinen der professionellen Geigenbauzentren.

Beginnen wir mit dem ersten Aspekt, der zwar einiges gesicherte Wissen, aber ebensoviel Zündstoff enthält.

4. Bernardino Lanino, Maria mit Kind und musizierenden Engeln 1552, Detail
Eine der ersten Abbildungen der viersaitigen Violine
Raleigh, Museum.
Aus: Brigitte Geiser, Studien zur Frühgeschichte der Violine, Bern 1974

5 a. Michelangelo Merisi
gen. Caravaggio
Detail aus: „Die Lautenspielerin"
1590 - 1592
Eremitage, Leningrad

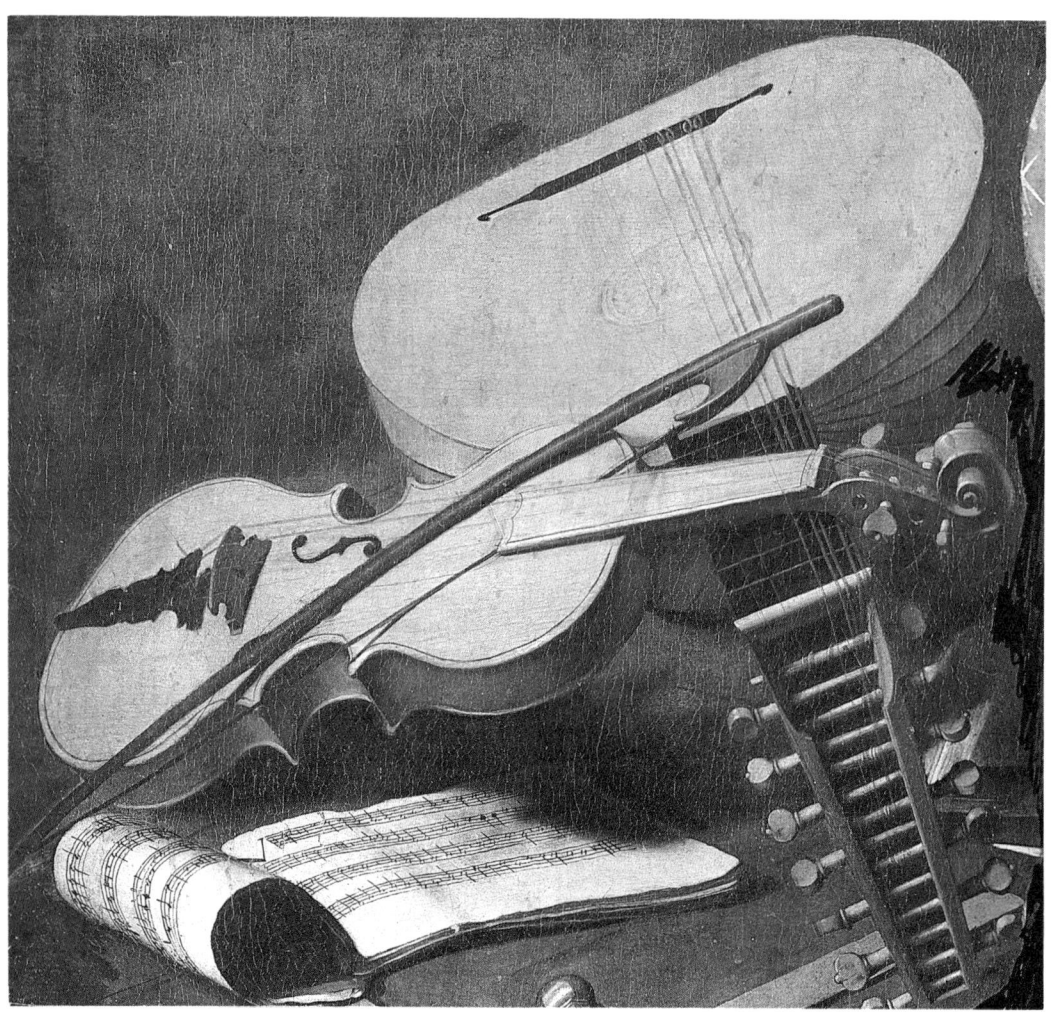

5 b. Michelangelo Merisi
gen. Caravaggio
Detail aus:
„Der siegreiche Amor"
ca. 1598 - 1600
Staatliche Museen
Preußischer Kulturbesitz
Gemäldegalerie, Berlin

In musikhistorischem Sinne besteht O. Foffa (1937) darauf, daß Pellegrino da Montichiaro die erste Violine gebaut habe; das Kirchenbuch von Brescia bestätigt nämlich diesem Meister im Jahr 1552 den Empfang einer von ihm gebauten Violine. Hier geht es freilich darum, zu klären, ob der Begriff für dieses Instrument gleichzeitig mit ihm geschaffen wurde. Denn es stellt sich die Frage, welche Beziehungen die verschiedenen Begriffe „le violon" und „il violino" zu einander hatten, d.h., ob sie das Gleiche meinten. Erwiesen ist, daß der Begriff „le violon" in Frankreich im Jahr 1556 bekannt war. Der Name Violine erscheint erstmals in Giovanni Gabrielis „Sacrae Symphoniae" 1597. Philologisch kann das Wort „il violino" keinesfalls die Verkleinerung von „violone" oder „Viola" sein; das letztere wäre die „violetta", die indessen dem Rebec entspricht, das für die Entwicklung der Violine durch seine Quintenstimmung maßgeblich wurde. Boyden (1965) nimmt an, daß „le violon" das mißverstandene und instrumental falsch gedeutete „violone" sei, das freilich vollständig „violone da braccio" hieß. Im französischen Sprachgebrauch entwikkelte sich also der Begriff „le violon"; in einer Art italienischer Rückübersetzung, scheint philologisch nicht ableitbar und auch nicht verständlich, „il violino" daraus geworden zu sein.

Aber die Bestimmung dieses Begriffs schließt noch eine weitere Tücke in sich. Es gab nämlich, sozusagen als begriffliche Brücke zwischen dem französischen Piemont und Oberitalien, „violini piccoli alla francese". Es läge nahe, anzunehmen, daß in diesem Begriff der Versuch gemacht sei, das, was französisch „le violon" ist, auf italienisch auszudrücken und dabei anzugeben, woher der Begriff komme, zumindest, was man im Französischen damit meine. Diese Auffassung ist auch in der Musikwissenschaft weit verbreitet. Boyden indessen hat aus einer scharfsinnigen Analyse der Instrumentalanweisungen Monteverdis zu „Orfeo" (und hier wurden erstmals 1607 Violinen chorisch verwendet) die Schlußfolgerung gezogen, daß Monteverdi zwischen „violini piccoli alla francese" und „violini ordinari" genau unterschieden habe. Die letzteren seien kleinere, um eine Quint höher gestimmte oder eine Oktave höher klingende Violinen (nach Art der früheren Tanzmeistergeigen) gewesen, während die „violini ordinari" eben die „normalen" Violinen seien. Sie seien damals bereits so bekannt gewesen, daß Monteverdi sie als „gewöhnlich" oder „gewohnt" apostrophieren konnte.

Dieser Unterscheidung zwischen „Violini piccoli" und „Violini ordinari" steht auf der Seite des deutschen Geigenbaus in der 2. Hälfte des 16. Jahrhunderts ein nachweisbares Pendant gegenüber. Die fünffache Gliederung der

Geigenfamilie („Geige" hier in weitestem Sinn verstanden) umfaßt die kleine Diskantgeige, die (normale) Diskantgeige, die Tenorgeige (= das spätere Violoncello), kleine und große Baßgeige. Diese Instrumentalgruppe ist z.B. in Freiberg/Sa. vollzählig erhalten, wir werden in anderem Zusammenhang darauf zurückzukommen haben.

Boyden scheint also mit seiner scharfsinnigen Differenzierung recht gehabt zu haben, auch wenn die Violini piccoli vollständig ausgestorben sind. Das aber läßt sich wiederum mit der Entwicklung des Griffbretts einleuchtend erklären. Boyden nimmt an, daß die damaligen Violinen nur in der 1. Lage gespielt worden seien; infolgedessen war der Bereich der höheren Töne nicht ausgeschöpft, was die Schaffung einer höher gestimmten oder eine Oktave höher klingenden Violine notwendig gemacht habe. Sobald das Griffbrett der Violino ordinario verlängert oder auch nur vollgenutzt wurde, war die Violino piccolo überflüssig.

Es ist sicher, daß viele große Meister „violini piccoli", die eine Terz oder Quart (selten eine Quint) höher gestimmt waren, gebaut haben (z.B. die Brüder Amati 1613, Jacobus Stainer, Antonio Stradivari, Joseph Guarnerius del Gesù usw.). Diese „Kleingeigen" gaben dem Klang des Streicherchors eine sehr differenzierte Farbe, deren Verlust von vielen Kennern, vor allem von den Liebhabern der alten Musik, bedauert wird. Dennoch muß betont werden, daß die Bereicherung der Klangfarbe ein heute überschätzter Nebeneffekt war. Der Hauptgrund für die Violini piccoli ist wohl in dem lange Zeit zu kurz gebliebenen Griffbrett zu sehen, auf dem nur in der 1. Lage gespielt wurde. Das Diskantregister der Violinen war anfänglich gegen die höheren Lagen hin zu klein; bis zur Durchsetzung der „Normal-Violine" wurde es durch die höhere Stimmung der Violini piccoli (bei Bach um eine Terz, bei Monteverdi um eine Quart) erreicht.

Wenn nun also der Unterschied zwischen Violini piccoli und Violini ordinari als hinreichend geklärt gelten darf, gibt es im philologischen Bereich noch manche Hypothesen. So nimmt K. Jalovec (Enzyklopädie 1965) an, mit „il violino" sei erst die Bratsche (Viola) gemeint gewesen, die dann, nach Einführung der Diskantgeige, „Tenorviola da braccio" geheißen habe. Auch wird man zur Kenntnis nehmen müssen, daß Karel Moens die Möglichkeit einschließt, „il violino" habe auch den Spieler dieses philologisch sehr schillernden Instruments mit eingeschlossen.

In all dem Streit um Begriffe und die dazu gehörigen Violininstrumente darf man wohl folgendes resümieren: sowohl „le violon" als „il violino", als Begriffe um und nach 1550 im französischen Piemont und in Oberitalien entstanden, meinen die endgültige und heute übliche Form der Violine, die auch als

Instrument zwischen 1550 und 1560 ihre verbindliche Form erhielt. Boyden nimmt an, daß die Violine in der Gegend von Mailand, mit einem möglichen Radiusabstand von 50 Meilen (rund 80 km) entstanden sei.

Ohne späteren Ausführungen vorzugreifen, darf gesagt werden, daß vor allem Brescia und Cremona um den Bau der „ersten Violine" rivalisieren. Dieser Streit, so unentschieden (wenn nicht falsch angesetzt) er bleiben wird, läßt sich bis in die kühnsten musikwissenschaftlichen Spekulationen hinein verfolgen. Das beweist eine Publikation von Euro Peluzzi (1941). Peluzzi behauptet, die erste belegbare Violine habe Giovanni Micheli Zanetto (unter der Mitarbeit des Vaters) gebaut. Peluzzi behauptet aber weiter, daß die Konstruktion der — als Oberstimme schon lange benötigten — Violine nur mit Hilfe der exakten Berechnung der Vibrationsschwingungen an konvexen Spiegeln oder Platten, unter wissenschaftlicher Auswertung mathematisch-physikalischer Grundgesetze möglich gewesen sei.

Dieses theoretische Grundgerüst mit der praktischen Bauanweisung aber, so folgert Peluzzi weiter, habe der damals angesehene Mathematiker und Geometer Nicola Fontana, genannt Tartiglia (1499 – 1557) den beiden Micheli (oder auch dem Gaspar da Salò) geliefert. Der Erfinder und geistige Vater der Violine sei also Tartiglia, die ersten Erbauer seien die genannten Meister in Brescia.

Boyden hat diese These Peluzzis als „absurd" bezeichnet: „one of the most preposterous absurdities ever committed to print". Als theoretische Väter der Violine will Boyden Testator il Vecchio, Leonardo da Vinci oder den fabulösen Kerlino gelten lassen.

Die „absurde" These Peluzzis hat noch eine weitere, von Boyden nicht beachtete Pointe hinsichtlich des Prioritätsstreits zwischen Brescia und Cremona. Tartiglia, der hypothetische „Konstrukteur" der Violine, arbeitete zwar in den Jahren um 1552 in Brescia, aber er war von Geburt Venezianer, und starb auch in seiner Heimatstadt. Hätte Peluzzi mit seiner Hypothese recht, so wären die Gewichte von Brescia und Cremona nach Venedig verschoben.

Inzwischen mehren sich die Stimmen (Ch. Ahrens, K. Moens, W. Salmen), die einen früheren und gewissermaßen „nicht-professionellen" Ursprung der Violine für möglich oder sogar für wahrscheinlich halten.

Die Üblichkeiten und Erfordernisse der Volksmusik haben vielleicht früher auf das durchdringende Diskantinstrument in der Streichermusik zugestrebt, zumal die sich behauptende Melodieführung bei den Spielleuten von entscheidender Bedeutung ist. Die Klangstärke des Instruments war für die Spielleute wichtiger als für den bürgerlichen Instrumentenbau (K. Moens). Möglicherweise ist auch von den Spielleuten der Stimmstock (durch ein Loch in der Dekke als Verlängerung eines Stegfußes) früher angewandt worden als im professionellen Bereich der Streichermusik.

Hinweise auf diesen „Berufszweig", in dem Spieler und Macher identisch sind, finden sich auch in gewissen Eigentümlichkeiten der Fertigung, die im professionellen Geigenbau keine Parallele haben. So geht es beispielsweise um „urtümliche", die schreinerische Feinarbeit scheuende Methoden der Herstellung aus ganzen Holzblöcken. Decke und Baßbalken werden dabei nicht separat hergestellt und gegeneinander verspannt und verleimt, sondern aus einem Brett ausgeschnitzt, oder Boden und anhängende Zargen werden ebenfalls aus einem einzigen Holzblock „ausgeschachtelt". Oder die Zargen werden, wenn sie schon einzeln gearbeitet werden, in eine Rille des Bodens eingefügt, oder es werden mehr Holzstifte als üblich (auch an den Ecken oder an Hals und Griffbrett) verwendet. Diese geschilderten Prozeduren sind aber nicht unbedingt der Hinweis auf mangelndes handwerkliches Können, sondern eher auf Zunftvorschriften zurückzuführen. So war z.B. das Leimen lange Zeit nur Mitgliedern der Schreinerzunft erlaubt (R. Bletschacher). Diese Usancen weisen also nur darauf hin, daß nichtprofessionelle Macher am Werke waren. Die Übergänge sind aber auch hier fließend; so gibt es z.B. in der Geigenbautradition Neapels im vorigen Jahrhundert zahlreiche Violinen auch von „Zünftigen", bei denen — wohl aus Bequemlichkeit — der damals ja noch schwache Baßbalken aus dem Deckenholz rudimentär mitgeschnitzt ist. Auch sollte man die Annahme, daß verzierende Zutaten (außer den Randeinlagen, vor allem am Boden) auf die Spielmann-Geigenbauer zurückzuführen seien, von denen es die Füssener Schule und die Brescianer übernommen hätten (K. Moens), nicht verallgemeinern.

Frühe volkstümliche Violinen sind sowohl aus nordischen Ländern als auch aus Polen seit langem bekannt. In jedem Standardwerk, in dem die Entstehung der Violine behandelt wird, spielen gerade die polnischen Geigen eine große

Rolle. Praetorius erwähnt sie bereits in seinem „Syntagma Musicum" (1619). Andererseits steht fest, daß die polnischen Geigen des 17. Jahrhunderts kein Griffbrett besaßen und die Tonerhöhung durch seitliches Aufdrücken der Fingernägel (und wohl auch der Fingerkuppen) auf die frei laufenden Saiten erfolgte. Die heute noch vorliegende polnische „Mazanki" ist dreisaitig und hat ein Griffbrett; es ist völlig ungeklärt, wann sie das Griffbrett bekommen hat.

K. Moens faßt den Stand der Erkenntnisse über diese Frage in folgende Sätze: „Neuere Publikationen über die Geige oder mit ihr verwandte Instrumente in der polnischen und zentraleuropäischen Volksmusik haben diese Hypothese [der Entstehung der Violine in diesem Bereich] neuerlich genährt. Dieses ethnologische Material wurde aber bis jetzt kaum mit den traditionellen instrumentenkundlichen Forschungen verglichen, so daß konkrete Ergebnisse auf sich warten lassen."

Ähnliche Schlußfolgerungen sind wohl auch für den Bereich der mitteleuropäischen Volks- und Spielmanns-Musik zu ziehen. Diese Frage wird durch die neuere Forschung offen gehalten, und es sind wohl noch manche Einsichten zu erwarten. Da aber die Produkte dieser möglichen Wurzel der Violine nicht mehr existieren (noch weniger als diejenigen der professionellen Sparte), nützen Archivbefunde wenig. Die eigentliche Frage, ob oder bis zu welchem Grade die heutige Violine dem „Eigenbau" in der Volksmusik entstammt, ist anhand der bisherigen Erkenntnisse nicht befriedigend zu beantworten. Es ist indessen wahrscheinlich, daß zumindest einzelne Baumerkmale der definitiven Violine auf die Geigenmacher der Volksmusik zurückgehen, auch wenn dafür heute kaum mehr materialkundliche Beweisstücke auffindbar sind.

Die ikonographische Darstellung der frühen Violine in der Kunst
des 16. und frühen 17. Jahrhunderts

Gerade in der Malerei ist der Übergang von den Vorläufern der heutigen Violine bis zu ihrer definitiven Form gut verfolgbar. Voraussetzung für einen schlüssigen Bezug sind folgende Bedingungen: einmal, daß die Datierung des Bildes bekannt ist. Ferner: daß der Maler ausreichend instrumentenkundlich informiert war, bzw. daß er überhaupt die Absicht hatte, den zeitgemäßen Entwicklungsstand des Instrumentes, das wir heute Violine nennen, wiederzugeben.

Wie leicht falsche Schlüsse auch aus datierten Darstellungen von geigenähnlichen Instrumenten gezogen werden können, beweist die häufige Fehlinterpretation des Kupferstichs von Pierre Woeriot de Bouzay, das den Lauten- und Geigenbauer Kaspar Tieffenbrugger darstellt und im Jahr 1562 entstand. Tieffenbrugger ist auf diesem Porträt von vielen Instrumenten eingerahmt. Außer vier Lauten, einer kleinen Harfe, einer Gambe und einer kleinen Gitarre, ist die heutige Violine dargestellt, indessen mit C- (statt ff-) Löchern und relativ breiten Zargen. Andererseits findet sich im rechten Teil des Stiches eine sechssaitige Viola da braccio, die hakenförmige ff-Löcher nach Art der Violine aufweist (Abb. 1).

6. Pieter Claesz
   Atelier mit Vanitas-
   Stilleben 1626
   Rijksmuseum, Amsterdam

32

Boyden und viele andere Autoren haben aus einer minutiösen Analyse der dargestellten Instrumente den unhaltbaren Schluß gezogen, daß Kaspar Tieffenbrugger im Jahr 1562 die endgültige Form der Violine nicht gekannt und infolgedessen auch nicht gebaut haben könne. Beweisbar ist nur, daß die heutige Violine auf dem Kupferstich nicht dargestellt ist. Vielleicht wollte der Künstler mehr die Vielseitigkeit des Porträtierten betonen und seine reiche Produktion (es sind immerhin 10 Instrumente, die man zählen kann); ebenso ist möglich, daß die instrumentalen Vorstudien bereits mehrere Jahre vorher gemacht wurden und der Künstler über die neuesten Arbeiten Tieffenbruggers gar nicht mehr informiert war.

7. Jan Davidsz de Heem
Vanitas-Stilleben
um 1628
Detail mit Violine
und Bogen
Germanisches
Nationalmuseum,
Nürnberg

Wie man sieht, ist die instrumentenkundliche Prüfung der ikonographischen Vorlagen schon sorgfältig vorgenommen worden. Brigitte Geiser hat eine umsichtige, reichhaltig bebilderte Dissertation diesem Thema gewidmet; vor ihr ist es weitläufig von Boyden und in kürzerer Weise von vielen anderen (darunter W. Kolneder) geschehen.

Deutlicher als die übrigen Autoren hat Karel Moens die Ergebnisse seiner ikonographischen Studien artikuliert: In 56 Darstellungen hat er auf Gemälden, Radierungen und Stichen zwischen 1499 und 1628 die Lira, also den letzten Vorläufer der endgültigen Violine, gefunden. Er hat auch darauf hingewiesen, daß sehr häufig musizierende und geigende kleine Engel bei Mariendarstellungen vorkommen, so daß indirekt gewisse religiöse Usancen die Verbindung zu den Spielleuten herstellen.

Da das in der Kunstgeschichte gespeicherte instrumentenkundliche Material (sofern es noch erhalten ist) inzwischen weitgehend geläufig ist, soll hier nur auf die entscheidende — kürzere oder längere — Phase hingewiesen werden, die die Vorform (also die Lira) von der definitiven Form der Violine trennt.

Bernardino Lanino hat im Jahr 1552 auf seinem Bild „Maria mit musizierenden Engeln" einen puttenhaften Engel dargestellt, der ein violinähnliches Instrument nach der Art einer Gambe spielt (Abb. 4). Es ist unschwer zu erkennen, daß es sich nicht nur wegen der Spielart, sondern auch wegen der Form noch um keine Violine handelt, sondern um ein bei der Lira oder bei den Gamben anzusiedelndes Instrument. Das wäre auch zeitgeschichtlich nicht anders zu erwarten. Zwar ist hier die Viersaitigkeit und die Bundlosigkeit des Griffbretts erreicht, aber die Umrisse des Corpus sind noch nicht im Sinn einer Violine entwickelt. Das Instrument besitzt noch keine rundbogig geführten, sondern flügelartig ausweichende Ober- und Unterteile; die — nur angedeuteten — C-Bügel schnüren den Mittelteil kaum ein.

So eindeutig bei Lanino im Jahr 1552 noch eine Lira dargestellt ist, so schwierig wird es, die erste verbindliche Darstellung der endgültigen Violine zu ermitteln. Keiner der genannten Autoren hat nämlich die erste ihm getreu erscheinende Abbildung einer Violine benannt. B. Geiser hat dem Auftreten und der Entwicklung vieler spezieller Merkmale, wie den ff-Löchern, der Schnecke, dem Steg usw., eine Reihe von Einzeluntersuchungen gewidmet, aber weder sie noch Boyden haben über das endgültige Erscheinen der Violine in der Ikonographie verbindliche Aussagen gemacht.

Hier kann vielleicht ein ebenso überraschender wie originaler Fund weiterführen, der als solcher zwar lange bekannt ist, aber erst in den letzten Jahren ersprießlich ausgewertet wurde.

34

Aus dem Ende des 16. Jahrhunderts sind Geigeninstrumente deutscher Macher im Dom zu Freiberg in weitgehend verbindlichem Zustand erhalten; sie sollen bei den uns überkommenen Exemplaren der Frühform der Geige berücksichtigt werden.

Soviel darf hier aber schon vermerkt werden, daß dieses deutsche Modell (oder auch die frühe Geige der Spielleute) in der Ikonographie nicht belegt zu sein scheint.

Um 1590 lassen sich die ersten Darstellungen der endgültigen Violine auf Bildern italienischer Maler nachweisen. Es handelt sich dabei um schon recht „stilreine" Instrumente zweifelsfrei professioneller Geigenbauer aus dem Gebiet, in dem die definitive Violine ihrer ersten Vollendung zugeführt wurde, nämlich in Oberitalien.

Michelangelo Merisi (genannt Caravaggio) scheint, soweit ich es übersehen kann, als erster die heutige und zugleich handwerklich vollkommene Violine dargestellt zu haben. Einmal findet sie sich auf dem berühmten Bild „Die Lautenspielerin", das etwa 1590 gemalt ist (Abb. 5a), und zum andern in seinem „Der siegreiche Amor", ca. 1598 – 1600 (Abb. 5b). Stilkritisch ist es fraglos, daß die Violinen Caravaggios das deutsche Modell aus Freiberg weit übertreffen, und nicht so sehr das Modell aus Brescia, sondern mehr den in Cremona geläufigen Typ wiedergeben (elegante Umrißlinien, flache Decke, spitze Ecken), während die holländischen Meister um 1630 – von da ab darf die Violine in der Malerei als „beherrscht" gelten – mehr den etwas archaischen Typus von Brescia im Auge haben (schlankeres und schmaleres Patron, doppelte Führung der Einlagen). Als Beispiele dafür mögen Pieter Claesz (Atelier mit Vanitas-Stilleben (Abb. 6) und Jan Davidsz de Heem (Vanitas-Stilleben um 1628, Abb. 7) dienen. Geläufig ist neben den Bildern dieses Themas von Frans Hals auch etwa „Der fröhliche Spielmann" von Gérard van Honthorst 1630, der in der einen Hand die genau dargestellte Geige und in der anderen das volle Weinglas hält; es soll damit nur noch einmal betont werden, daß die endgültige Violine ab 1630 zum festen Bestand der europäischen Malerei gehört. Eine Bestätigung dieser Auffassung findet sich bei Karel Moens. Auf Seite 75 gibt er an, die klassische Form der Violine (also die heutige) nicht vor 1590 auf italienischen Darstellungen gefunden zu haben.

Die ältesten erhaltenen Violinen

Da aus der Volksmusik keine frühen Violinen erhalten und auch in der Ikonographie keine solchen abgebildet sind, müssen wir uns dem „professionellen" Geigenbau zuwenden und prüfen, was seine Relikte hinsichtlich der Entwicklungsgeschichte der Violine an Schlüssen erlauben.

Aber auch diese nun anzustellende Untersuchung ist dornenreich. Es sei davon abgesehen, daß die heute noch vorhandenen Violinen eine zufällige Auswahl darstellen, in der wichtige Exemplare oder Bindeglieder fehlen können. Schwerer wiegen fehlende Datierungen (die Schwankungsbreite kann mehr als ein Vierteljahrhundert betragen); viel wichtiger noch, wenn auch bislang unzureichend untersucht, ist der nicht erkannte fehlende Originalzustand angeblich früher Instrumente.

Es soll hier nicht von Täuschungsversuchen gesprochen werden, die leicht durchschaubar und auch längst erkannt sind: wie etwa die Nachbauten angeblich frühester Violinen des Kaspar Tieffenbrugger durch Vuillaume und seinen Kreis im vorigen Jahrhundert, oder über den Versuch, dem Andrea Amati die „erste" Violine 1546 zuzuschreiben (es ist nachgewiesen, daß dieses ursprünglich dreisaitige Rebec erst im 19. Jahrhundert zu einer Violine umgebaut wurde).

Ein noch kaum bewußt gewordenes und deshalb noch kaum angegangenes Problem stellt eine festgeschriebene Datierung, verbunden mit einem unkritisch und ungeprüft übernommenen Erhaltungszustand, dar. Einerseits kann zwar als sicher gelten, daß ab 1560 Violinen der heutigen Form gebaut wurden, und daß davon auch noch einige erhalten sind. Andererseits gibt es aber kaum eingehende und verbindliche Prüfungen, die den ursprünglichen Erhaltungszustand und die Zusammengehörigkeit und Ursprünglichkeit aller Teile verbürgen. Der erste ernstliche Nachprüfer scheint K. Moens zu sein. Er schreibt:

„So bilden etwa die Andrea Amati zugeschriebenen Instrumente, die zur Bestellung von 38 Instrumenten Karls IX. von Frankreich (zwischen 1560 – 1573?) gehören sollen, ein besonderes Problem. Die meisten dieser Instrumente unterscheiden sich so grundsätzlich voneinander, wurden umgebaut und oft in ihrer Größe verändert, daß es sehr wohl möglich ist, daß es sich um jüngere Instrumente handelt, die dann später mit dem Wappen Karls IX. versehen wurden." (S. 79)

Dazu gleich eine einschlägige Bemerkung. In THE STRAD 93, p. 718 – 720 (Februar 1983) ist eine solche Violine von Andrea Amati für Karl IX. vom Jahr 1566 abgebildet. Es ist zwar erwähnt, daß das Instrument außer dem Originalzettel vom Jahr 1566 noch einen Reparaturzettel von Nicolas Lupot vom Jahr 1818 enthält, es sind aber keine Anstalten getroffen zu untersuchen, was bei

8. Viola von Gaspar da Salò, ca. 1560
    Corpuslänge   40,0
    Breiten   16,6 – 13,1 – 23,9
    Zargen   3,2 – 3,4
    Decken und Boden geteilt
    Lack: braun-rötlich, z. T. spärlich
    Museo degli Stromenti
    musicali, Mailand

dieser möglicherweise ausgiebigen Reparatur am Originalzustand verändert wurde. Es ist unwahrscheinlich, daß die Violine nach 252 Jahren nicht eine eingreifende Veränderung erfahren haben sollte, zumal Lupot nicht nur ein hervorragender Geigenbauer, sondern auch einer der geschicktesten Kopisten der Cremoneser Meister war. Um indessen keine Mißverständnisse zu induzieren: Lupot soll nicht falsch verdächtigt werden; aber es ist unbedingt zu fordern, daß bei allen alten Instrumenten (also ab 1560) eine gründliche Untersuchung darüber vorgelegt wird, wieweit Ergänzungen noch als ursprünglich anzusehende Teile verschont haben.

Karel Moens hat mit der Überprüfung ältester, als original geltender Liren und Violinen begonnen. Seine Untersuchungen haben manche Ruine entdeckt.

„Einige Instrumente, so etwa die Ventura di Francesco Linarolo zugeschriebene Lira da braccio (Venedig 1577) aus dem Musikinstrumentenmuseum der Karl Marx-Universität in Leipzig, sind wahrscheinlich im vorigen Jahrhundert als solche neu gebaut.

Die meisten aber wurden aus bearbeiteten und manchmal nachgebogenen Fragmenten eines oder mehrerer schon vorhandener Instrumente sowie neuen Teilen zusammengesetzt. Dies ist z.B. der Fall bei den berühmten Liren von Giovanni d'Andrea (1511), Ventura Linarol (1580) und Wendelin Tieffenbrucker (um 1590) im Kunsthistorischen Museum zu Wien" (S. 69).

Diese Feststellungen, die man wohl zutreffend Enthüllungen nennen müßte, machen einen Großteil der stilkritischen Schlußfolgerungen zweifelhaft, die an Hand der bislang als ursprünglich angesehenen Violinen (und Liren) gewonnen wurden. Das betrifft auch die alte Streitfrage, ob Brescia oder Cremona — oder gar Venedig — im Bau der endgültigen, ästhetisch befriedigenden Violine an der Spitze liege. Stilkritische Analysen sind auf Sand gebaut, wenn die Objekte, an denen sie gemacht wurden, nicht in verläßlicher Weise ursprünglich und in allen wesentlichen Teilen intakt erhalten sind.

Bei den folgenden Abbildungen früher Instrumente der Violinfamilie muß die Einschränkung gemacht werden, daß sie vielleicht nicht die ältesten gebauten sind. Der nicht überarbeitete Originalzustand erscheint wichtiger als das überlieferte Baujahr. Instrumente, die nach neueren Untersuchungen als erheblich verändert gelten müssen, wurden ausgeschieden. Das gilt vor allem für die beiden Linarol-Violinen von 1581 (Vater) und 1622 (Sohn) im Kunsthistorischen Museum in Wien, deren weitgehend nicht originalen Zustand K. Moens nachgewiesen hat. Auch bei den frühen Violinen des Andrea Amati (ab 1560) müssen hinsichtlich des originalen Erhaltungszustands erhebliche Bedenken angemeldet werden.

9. Violine
   von Zuan Maria da Brescia
   Venedig, 16. Jh.
   Museo degli Stromenti
   musicali, Mailand, Nr. 45

10. Violine von Mangno Longo
    Padua 1597
    Museo degli Stromenti
    musicali, Mailand, Nr. 110

Zu den ältesten wohl erhaltenen Streichinstrumenten der Violin-Familie zählen die auf ca. 1560 datierte Viola von Gaspar da Salò im Museo degli Stromenti musicali in Mailand (Abb. 8) und das noch archaischer wirkende Violoncello des Zanetto Pellegrino vom Jahr 1581, das Jalovec abgebildet hat (Abb. II). Undatiert, und in den Zeitraum zwischen 1570 bis 1598 gehörend, ist eine Violine von Zuan Maria da Brescia in Venedig (Abb. 9, Museo degli Stromenti musicali in Mailand). Sollte die Decke (nur davon steht uns eine Abbildung zur Verfügung) vollständig original sein (es macht bei der Prüfung diesen Eindruck), würde dieses Instrument eine Besonderheit darbieten, die vielleicht als ein venezianisches Merkmal zu gelten hätte; denn es findet sich in gleicher Weise bei einer Violine des Magnus Lang (Mangno Longo) in Padua vom Jahr 1597 (Abb. 10, ebenfalls Museo degli Stromenti musicali in Mailand). Dieses Merkmal besteht in einem besonders schmalen Mittelbügel, der wie die Taille eines Insektes wirkt und den man bei Violinen anderer Provenienz, außerhalb des Einflußbereiches von Venedig, offenbar nicht antrifft.

11. Violine von Andrea Amati
    Cremona, zwischen 1564 und 1575
    Sammlung Arnold Sprenger
    St. Gallen

In Cremona sind sicher so früh wie in Brescia Instrumente der Violinfamilie gebaut worden, zuerst von Andrea Amati. Cremona war zumindest stilistisch „moderner", wie man den Abbildungen der frühen Violinen dieses Meisters (trotz aller Unsicherheiten hinsichtlich des Erhaltungszustandes) entnehmen darf (Abb. 11). In reinster Form findet sich das „klassische" Cremoneser Modell dann bei einer unbezweifelbar vollständig originalen Violine der Brüder Antonius und Hieronymus Amati, die noch im 16. Jahrhundert (um 1590) entstanden sein muß (Abb. III, Musikinstrumentensammlung des Stadtmuseums München).

Einen überaus interessanten Beleg für frühe deutsche Instrumente der Geigenfamilie finden wir, wie schon mehrfach angekündigt, in der Grabkapelle des Doms zu Freiberg in Sachsen. Hier sind Engelputten mit 30 Musikinstrumenten in Originalgröße aufgestellt. Während die Blasinstrumente durchgehend Attrappen sind, müssen die 5 Geigeninstrumente als handwerklich vollwertige und stilistisch schlüssige Arbeiten angesehen werden. Die Verfertiger stammen aus einer großen und angesehenen Geigenbauerfamilie in Randeck (ca. 13 km von Freiberg entfernt); es sind Paul (I) und Georg Klemm. Insgesamt handelt es sich um eine kleine Diskant- und um eine (normale) Diskantgeige, um eine Tenorgeige und eine kleine und eine große Baßgeige. H. Heyde und P. Pliersch, die diese seit langem bekannten „Attrappen" erstmals genau beschreiben und abbilden (1979), betonen, daß es sich dabei im Prinzip bereits um die späteren Instrumente Violine, Viola und Violoncello handele (S. 145). (Hier sei vermerkt, daß auch darin die deutsche Entwicklung nachzuhinken scheint; denn die Viola entwickelte sich in Italien nicht aus der Violino ordinario, also nicht aus dem größeren Geigentyp, sondern umgekehrt). Diese 5 Streichinstrumente sind, obgleich sie nur Attribute der Engelputten darstellen, nahezu vollständig wie wirklich zum Spielen bestimmte Instrumente gebaut; dennoch zeigen sie in einigen wichtigen Belangen, daß sie zur Schau, und nicht zur Nutzung gemacht worden sind. So ist die Glättung der Böden und Decken nicht vollständig ausgeführt, die Zargen sind nur primitiv auf den Böden befestigt, Ober-, Unterklötze und Baßbalken fehlen. Wegen dieser archaischen Züge diese Instrumente volkstümlichen Machern zuzuweisen, wie es K. Moens tut, verkennt die klaren Angaben der Beschreiber, die sie ausdrücklich namhaft gemachten professionellen Geigenbauern zuweisen und verschiedene der archaisch gebliebenen Einzelheiten mit dem Zweck dieser zur Schau hergestellten Musikinstrumente begründen. Dennoch darf man annehmen, daß viele dieser Einzelheiten auch nicht anders geraten wären, wenn der Arbeitszweck eine zu spielende Geige gewesen wäre. Vor allem gilt das für Patron und Umriß, spitze, nicht nach Gehrung geschnittene und verleimte Ecken, Schnitt und tiefe Stellung der ff-Löcher, den viereckigen, in der Mitte der Ecke stehenden Stimmstock und anderes mehr.

Diese um 1590 anzusetzenden Geigeninstrumente im Freiberger Dom lassen, so interessant sie handwerklich und zeitgeschichtlich sein mögen, den sicheren Schluß zu, daß sie nicht von italienischen Einflüssen bestimmt sind und der Entwicklung des Geigenbaus in Italien sowohl zeitlich als auch stilistisch erheblich nachstehen (Abb. 12).

Fassen wir unsere Betrachtungen über die Entstehung der Violine zusammen, so dürfen folgende Erkenntnisse als gesichert betrachtet werden:

1) Die Violine in ihrer heute geläufigen Form entstand um 1560, und zwar bei professionell anzusehenden Machern. Die Volkskunst hat im Geigenbau keine sicher nachzuweisenden Spuren hinterlassen.

2) Die ikonographische Darstellung der Violine erfolgt nicht vor 1590; sie darf von 1630 ab auch außerhalb Italiens als geläufig gelten.

3) Ein leider nicht unerheblicher Teil bislang als authentisch angesehener ältester Violinen befindet sich nicht im Originalzustand. Die Veränderungen und Ergänzungen können bis zu einer weitgehenden Aufhebung des Originalzustands reichen.

4) Die nachweisbar ältesten und erhaltenen Instrumente stammen aus Brescia und Cremona. Ohne die unergiebige Streitfrage, welcher der beiden Orte die erste Violine produziert habe, weiterzuverfolgen, läßt sich schon in den ältesten erhaltenen Instrumenten der unterschiedliche Stil beider Zentren erkennen. Für das frühe Cremona paradigmatisch ist Andrea Amati.

Während die früheste Violine als nicht ausgemacht gelten muß, scheint das älteste Streichinstrument Europas bekannt zu sein. Es ist überdies erhalten.

Es handelt sich um ein viersaitiges, auf dem Griffbrett keine Bünde aufweisendes Rebec, das von einer künstlerisch überaus begabten Äbtissin, die gemalt, gedichtet und musiziert hat, gespielt wurde. Es war Caterina de Vegri, die aus hohem Adel etwa 1413 in Bologna geboren und später heilig gesprochen wurde.

Sie war von 1456 bis zu ihrem Tod im Jahr 1463 Äbtissin des Klosters Corpus Domini in Bologna, in dessen Kirche das Instrument gespielt wurde. Es ist samt Bogen erhalten und weist einen Stachel, Steg und Rosette auf der Decke auf. Das Instrument, das offenbar lediglich zur Begleitung (im Sinne eines Cantus firmus) diente, muß um 1450 gebaut sein. In derselben Kirche befindet sich ein von der Hand der Äbtissin gemaltes Ölbild „Madonna col bambino". Auch mit italienischen und lateinischen Schriften tat sich die gelehrte Dame hervor. Einen ausführlichen Bericht über das wohlerhaltene Instrument und seine fürstliche Spielerin verdanken wir Benvenuto Disertori (1938).

42

2. „Klein Geige" und Teile von
„Geige" und „Tenorgeige"
von P. und G. Klemm, Raneck
4. Viertel des 16. Jhs.
Begräbniskapelle des Freiberger Domes
Röntgenaufnahme

Es ist bis heute noch nicht hinreichend geklärt, wo Jacobus Stainer (1617 – 1683), der stilistisch der italienischen Schule zuzurechnen ist, sein Handwerk gelernt hat. Fest steht eigentlich nur, daß er es in seiner näheren Heimat, also in Tirol, kaum gelernt haben kann, da vor ihm dort keine namhaften Meister nachweisbar sind (auch nicht in Hall, wie Charles Beare vermutet).

Auch für eine Lehrzeit Stainers in Füssen, worüber R. Bletschacher hypothetisch diskutiert, gibt es keinerlei urkundliche Hinweise oder auch nur die geringste historische Wahrscheinlichkeit; das bestätigt auch Erich Egg (1983). In den Jahren, die für eine Lehrzeit Stainers in Frage kommen, 1627 bis etwa 1640 (nach Erich Egg sind es erst die Jahre von 1635 bis 1644) war Füssen infolge der Wirren und Zerstörungen des Dreißigjährigen Krieges und der weitgehenden Dezimierung seiner Meister keineswegs mehr das attraktive Zentrum des Lauten- und Geigenbaus von ehedem.

Instrumente von Nicola Amati hatte Stainer am Innsbrucker Hof kennen und schätzen gelernt. Es ist wahrscheinlich, daß er sein Wissen in Cremona selbst zu vertiefen versucht hat; das mag vor, während oder nach seiner Lehrzeit in Venedig gewesen sein. Ob er in Cremona gearbeitet hat, ist nicht erwiesen. Dagegen steht der Einfluß außer Frage, den Cremona auf Stainer ausgeübt hat. Walter Hamma ordnet Stainers Lack Cremona zu und hält ihn von dem der Amati für kaum unterscheidbar. Nun könnte Stainer, ohne längere Zeit in Cremona gearbeitet zu haben, durchaus Zugang zum Cremoneser Lack gehabt haben, sei es direkt oder indirekt (z.B. über seinen Dienstherrn). Man geht heute davon aus, daß die großen Meister ihre Lacke – zumindest in den Fundamentalien – nicht selbst hergestellt, sondern über jeweilige Grossisten dieser Branche bezogen haben. Der jeweilige Lack eines Geigenbauzentrums war kein sorgsam gehütetes Geheimnis; man konnte ihn, zumindest in einer Grundqualität, offen kaufen.

Bleibt der Aufenthalt Stainers in Cremona der Zeit und Dauer nach hypothetisch, so ist nicht länger zweifelhaft, daß sich Stainer mehrfach und über längere Zeit in Venedig aufgehalten hat. Unbezweifelbar ist vor allem ein annähernd ein Jahr dauernder Aufenthalt im Jahr 1646, also kurz nach der Hochzeit Stainers in Absam, und ein weiterer, in der Zeitdauer unbekannter, im Jahr 1648. Da Stainer um diese Zeit aber bereits ein ausgelernter Meister war und seine gründliche Lehre stilistisch nur in Italien denkbar ist, müssen frühere – und vollständige – Lehrjahre in Venedig angenommen werden.

Walter Senn, dessen grundlegende Forschungsergebnisse über Jacobus Stainer seit 1951 kaum erweitert worden sind (die letzte ausführliche Übersicht stammt von Erich Egg 1983), hat die dunkle und in manchem rätselhafte Gestalt Jacobus Stainers deutlicher profiliert. Senn hat glaubhafte Hinweise dafür erbracht, daß Stainer seine Geigenbaulehre in Italien durchlaufen und auch danach enge Kontakte vor allem zu Venedig beibehalten hat.

Die einzelnen Dokumente, die diese italienische Lehrzeit Stainers belegen, sollen hier nicht diskutiert werden. Nur sei klargestellt, daß die Version, Stainer „wäre aus Venedig vom seinem Lehrmeister flüchtig gegangen, weil er den Contract, dessen Tochter zu heiraten, nicht gehalten, unter welchen ihm doch diese sondere Kunst, gute Geigen zu machen, wäre beigebracht worden" mit Sicherheit falsch ist. Hätte Stainer in seiner Lehrzeit einen solchen Kontrakt gebrochen, d.h., hätte Stainer diesen Affront seinem Lehrmeister und dessen Tochter gegenüber begangen, so hätte ihn der Bann der ganzen Zunft getroffen und er hätte sich nicht später, 1646 und 1648, dazu noch über längere Zeit, in Venedig blicken lassen dürfen. Die immer wieder zu lesende Vermutung, der venezianische Meister, dessen Tochter Stainer trotz gültigen Ehekontraktes nicht geheiratet habe, sei Pietro Vimercati gewesen, ist sicher irrig: Vimercati ist erst nach 1640, als Stainer längst ein fertiger Meister war, in Venedig nachweisbar. Auch zählt er zu den kleineren Meistern, die als Lehrer Stainers kaum in Frage kamen.

W. Senn hat dagegen plausibel gemacht, daß Jacobus Stainer durch seine mehrjährige Lehre und seine späteren Aufenthalte in Venedig sich Geist und Umgangsformen dieser Weltstadt in hohem Maß angeeignet habe. Stainer, in kleinen Verhältnissen geboren, nahm die Anregungen und Forderungen, die ihm die Lagunenstadt vermittelte, mit wachen Sinnen und hellem Verstand auf. Er hat das Italienische offenbar bald wie ein Einheimischer gesprochen. Auffallend ist die nicht nur fehlerfreie, sondern flüssige Diktion seiner schriftlichen Äußerungen; vergleicht man sie mit den Briefen mancher Hofkanzlisten, die mit ihm korrespondierten, so gemahnt Stainers Stil an die Ausdrucksweise eines Gebildeten. Nach dem Stand der heutigen Erkenntnisse muß man also davon ausgehen, daß Jacobus Stainer seine maßgebliche Lehrzeit in Venedig, und eine viel kürzere Studienzeit in Cremona zugebracht hat. Seine Lehrer in Venedig können sowohl dorthin eingewanderte Füssener als auch einheimische Meister gewesen sein.

Von den in Venedig wirkenden Geigenbauern der Füssener Schule kommen als mögliche Lehrer in Betracht: Martin (Georg?) Kaiser, der kunstreiche Mathäus Seelos (Matteo Sellas), dessen Lauten wir kennengelernt haben, oder auch dessen Sohn Giorgio Sellas; ferner Wendelin Stegen und Wendelin Tieffenbrugger (letzterer ist 1626 in Venedig belegt) sowie der uns bereits bekannte Gaspard Tieffenbrugger. Von den einheimischen venezianischen

Meistern war Linarolo di Ventura wohl schon zu alt oder um 1630 vielleicht gar nicht mehr am Leben; sein Sohn Giovanni di Ventura stand indessen, wie seine hier nicht abgebildete, später stark erneuerte Violine vom Jahr 1622 im Kunsthistorischen Museum in Wien beweist, damals im besten Mannesalter und kommt deshalb als möglicher Lehrer Stainers durchaus in Frage.

Die Wahrscheinlichkeit, daß Stainer bei einem eingeborenen venezianischen Meister gelernt hat, ist mindestens ebenso groß wie diejenige, bei einem Füssener Meister in Venedig in die Schule gegangen zu sein. Für die erstere Möglichkeit scheinen noch weitere Gründe zu sprechen. Stainers Beherrschung der italienischen Sprache in Wort und Schrift legt einen längeren und intimen Umgang mit Einheimischen nahe. Eine solche Perfektion ist in einer Kolonie von Einwanderern nur schwer zu erreichen, da in ihrem Kreise in der Regel die Sprache der Heimat weiter gesprochen, ja mitunter sogar kultartig gepflegt wird. Ferner sind in solchen Kolonien auch die Bande des Zusammenlebens enger und verpflichtender, ja mitunter sogar übermächtig. Aber gerade solche engen Bande scheinen nicht die Sache des Jacobus Stainer gewesen zu sein, der nach allem, was wir von ihm wissen, ein dickköpfiger Einzelgänger und ein auf das Neue Hungriger war. Es würde gut zu ihm passen, wenn er es vorgezogen hätte, sich ganz der Anziehung und Ausstrahlung des fremden Milieus zu stellen und sich darin nach eigenem Ermessen, unkontrolliert und unbeobachtet von seinen Landsleuten, zu entwickeln. Andererseits gibt es Einwandererfamilien, die sich bereits in der zweiten Generation weitgehend oder vollständig an die neue Umgebung assimilieren. Die italienische Fassung ihrer oft schwer auszusprechenden allgäuischen Namen scheint eine gewisse Bestätigung durch die Einheimischen darzustellen, und einen Hinweis darauf, daß der italienisierte Namensträger durch seine Sprachkenntnisse und sein gesamtes Verhalten nunmehr als neuer Landsmann zu gelten habe. Diese vollkommene Anpassung und damit Akzeptierung haben wohl eine Reihe von Füssener Meistern in Venedig zustande gebracht.

Muß man es also offenlassen, ob einheimische venezianische oder zugezogene Füssener Meister seine Lehrer waren. Eine bislang kaum versuchte genauere Analyse seiner Instrumente könnte hierzu nähere Aufschlüsse geben.

Eine Bestimmung des stainerschen Stils, seiner Entstehung und Zusammensetzung, ist indessen sehr schwierig; einmal, weil es sehr verschiedene Modelle gibt, und andererseits, weil die möglichen bestimmenden Merkmale oder Abweichungen in vielen Einzelheiten differieren.

Ganz allgemein ist, um eine regelmäßige Besonderheit hervorzuheben, das Modell seiner Violinen etwas breiter als in Cremona zwischen 1660 und 1670, wobei sich auch der Mittelteil etwas imposanter darstellt. Grob schematisiert, könnte man vielleicht sagen: Wölbungsverhältnisse, Umriß und manche Einzelheiten Stainers sind eigenständig, während das Modell als solches und die Art seiner Arbeit doch sehr stark von Cremona, am meisten von Nicola Amati, bestimmt sind. Das bereits in wichtigen Merkmalen von Cremona abweichende Modell Stainers (wuchtiger Mittelteil, stärkere Wölbung, anders geschnittene und gestellte ff-Löcher) wird von den venezianischen Meistern des 18. Jahrhunderts noch weiter in der von Stainer eingeschlagenen Richtung „ausgebaut". Wieweit Stainer in seinen für ihn kennzeichnenden Merkmalen bereits Venezianer Gepflogenheiten übernommen (und nur stärker betont) hat, ist nicht zu entscheiden; der heutige Zustand der Violinen der beiden Vinarol läßt, wie bereits ausgeführt wurde, keine verbindlichen Schlüsse zu.

Um das Besondere an Stainer zu veranschaulichen, sollen einige seiner Violinen mit etwa gleichaltrigen aus Cremona verglichen werden. Dabei fällt auf, daß die Umrisse seiner Violinen um 1660 fast mehr denjenigen des „klassischen" Cremona gleichen als etwa die gleichaltrigen von Nicola Amati und Antonio Stradivari.

Vergleicht man eine reifere Violine des Jacobus Stainer, wie etwa diejenige aus der Sammlung Max Möller in Amsterdam von Hamma & Co im Jahr 1972 an das Instrumentenmuseum in Berlin verkaufte Violine vom Jahr 1660 (Abb. 13) mit einem frühen Instrument des Antonio Stradivari, ca. 1670 – 75 (Abb. 14) und einer ausgereiften des Nicola Amati vom Jahr 1675, so mag deutlich werden, was — bei allen Unterschieden — mit Angleichungen an oder „Anleihen" aus Cremona gemeint ist. Während Nicola Amati (Abb. 15) und der frühe Antonio Stradivari (Abb. 14) noch relativ schmale und schmächtige Violinen bauen, benutzt J. Stainer ein gegenüber N. Amati wie A. Stradivari breiteres Modell. Seine Affinität zu Nicola Amati ist größer als zu Stradivari. Wieweit J. Stainer andererseits wieder von Cremona abweicht (oder abweichen kann), zeigt ein noch früheres Instrument aus dem Jahr 1658 (Abb. 16). In ihm ist, wie man wohl vorsichtig schließen darf, in der Gesamtkomposition der venezianische Stil bzw. das venezianische Patron konzipiert und vorweg-

13. Violine von Jacobus Stainer, 1660
Aus der Max Möller-Sammlung
im Jahre 1972 von Hamma & Co.
verkauft an das
Musikinstrumentenmuseum
Berlin

genommen, wie es später mit vielen Variationen Goffriller, Gobetti und Montagnana (stärker als die übrigen venezianischen Meister) ausbauen werden. Die Ecken sind stumpfer, der Unterbau wirkt gegen den Oberbau mächtiger, der Mittelteil gibt sich breit und selbstbewußt.

In diesem Zusammenhang muß darauf hingewiesen werden, daß Jacobus Stainer natürlich nicht der einzige war, den Cremona, versteckt oder gut erkennbar, stark beeindruckt hat. Alle „Nachfolger" Stainers in Venedig sind durch Cremona beeinflußt worden, einer ihrer größten, Pietro II. Guarneri, war sogar ein Cremoneser. Cremonas Ausstrahlung war so groß, daß man sich ihr nicht entziehen konnte; und bei jeder Auseinandersetzung bleibt etwas hängen. Der geniale Joannes Baptista Guadagnini, der sich — wohl auf Betreiben seines späteren Gönners Graf Cozio di Salabue — einen Schüler Stradivaris nannte, ist es wohl mehr in einem geistig- übertragenen Sinn geworden dadurch, daß er A. Stradivari und die anderen Cremoneser Meister peinlich genau studierte. Während seines Aufenthaltes in Cremona im Jahr 1758 (es waren mehrere Monate, insgesamt wohl kaum ein ganzes Jahr) hat er eine Reihe von Instrumenten gebaut (Doring weist sieben Violinen und ein Violoncello nach, aber es sind weitere Instrumente bekannt), die den Einfluß Cremonas zeigen. Am meisten vielleicht die von Doring abgebildete Violine „Ex Bassini" (p. 156); dennoch hatte er nicht eigentlich A. Stradivari vor Augen. Eine der Öffentlichkeit bislang nicht bekannte Violine von J.B. Guadagnini aus der Cremoneser Zeit (Abb. 17) zeigt deutlichere Merkmale der Guarneri- als der Stradivari-Werkstatt.

Jedenfalls kann heute kein Zweifel mehr darüber bestehen, daß die unverwechselbar selbständige Arbeit des Jacobus Stainer nicht nur die italienische (wohl spezifisch venezianische) Schule verrät, sondern im Grad ihrer Vollendung den Cremoneser Meistern, einschließlich Antonio Stradivari, absolut ebenbürtig ist. Stainers Lack hat allerhöchsten Rang: In Konsistenz und Farbe nimmt er eine Mittelstellung ein zwischen dem weicheren, thermoplastischen, vorwiegend in gelben Farbtönen gehaltenen Lack Cremonas und dem ein wenig härteren, stark von innen heraus leuchtenden, in mehr rötlich-violetten Farbtönen gehaltenen Lack der großen venezianischen Meister ein.

Diese Betrachtungen über den spektakulären Rang des Jacobus Stainer können nicht abgeschlossen werden, ohne einige Bemerkungen zu seiner Biographie und seinem Schicksal anzufügen. In der Literatur werden ihm immer wieder Angehörige, Mitarbeiter und Schüler beigegeben. Vor allem ist von einem Bruder Marcus als getreuem und hilfreichem Mitarbeiter des Jacobus die Rede; schließlich aber wird, um die Familiengeschichte wieder zu verdunkeln, der Bruder Marcus als Ordensgeistlicher apostrophiert. Die nüchterne Wahrheit ist indessen viel schlichter. Jacobus Stainer hatte sieben Töchter, aber keinen ihm im Geigenbau nachfolgenden Sohn (sein im Jahr 1657 letztgeborenes männliches Kind starb bereits im darauffolgenden Jahr), ja nicht einmal eigentliche Schüler, geschweige denn ständige Mitarbeiter. Er hatte auch keinen in seiner Werkstatt arbeitenden Bruder Marcus. Walter Senn schreibt:

„Der Meister stellte also lediglich zur Herstellung der Baßgeigen, wohl für die gröbere Bearbeitung, einen Gehilfen an" (S. 74). Senn hält es für möglich, daß ihm sein Bruder Paul, der in Absam Tischler war, gelegentlich geholfen habe. Der für das Jahr 1670 aus Stainers Briefwechsel mit Olmütz belegte „Lerner" könnte nach Meinung von W. Senn vielleicht Jakob Strasser (1644/45 – 1679), der Geigenbauer wurde, gewesen sein. Sicher ist, daß Mathias Klotz, der Begründer der Geigenbauschule in Mittenwald, kein Werkstatt-Schüler des Jacobus Stainer in Absam war.

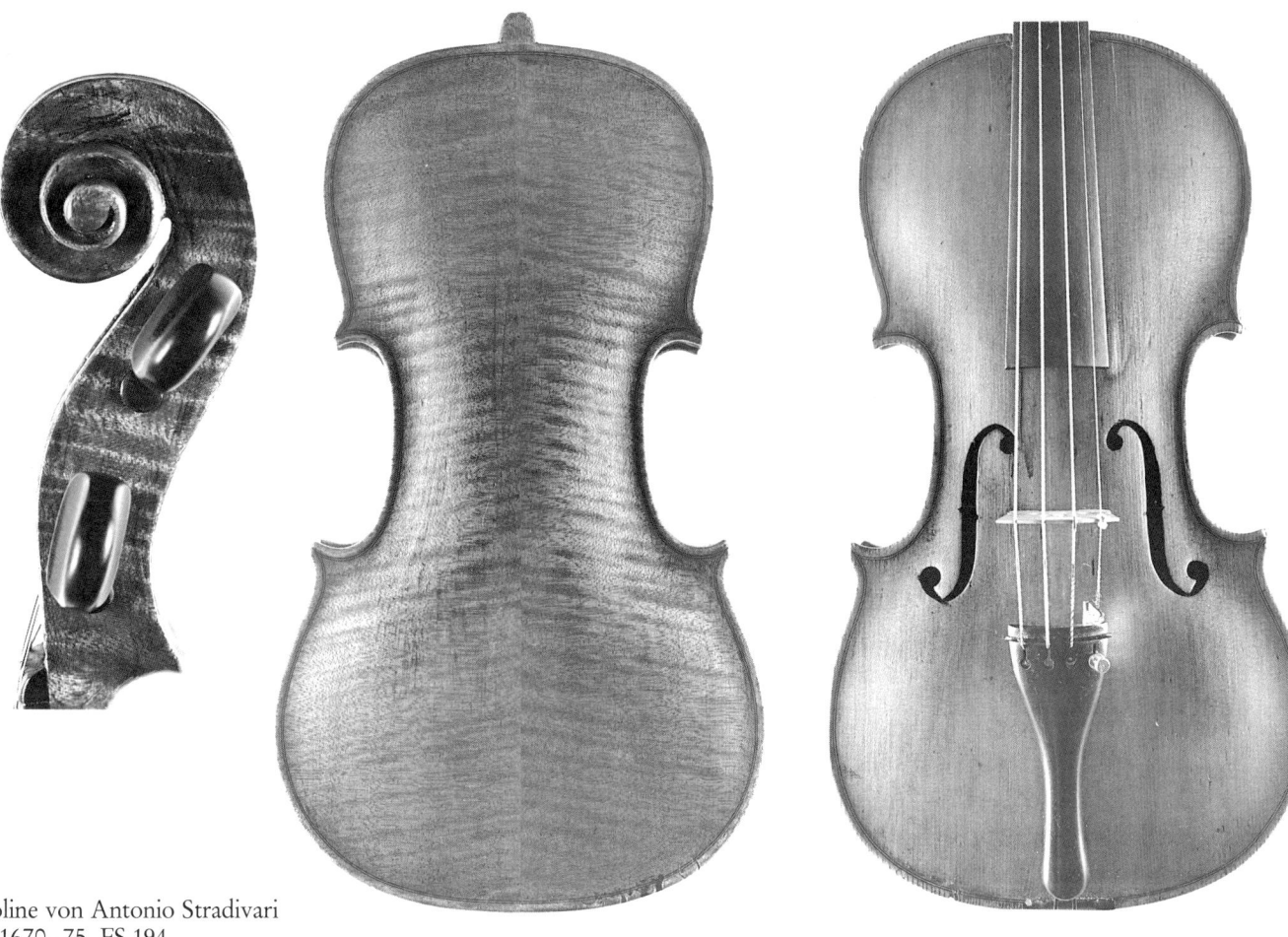

14. Violine von Antonio Stradivari
    ca. 1670 - 75, FS 194
    Corpuslänge 35,65
    Breiten   16,5 — 10,95 — 19,6
    Zargen   3,35 — 3,30 — 3,35
    Mensur   18,7
    Patron klobig, eckig
    Decke und Boden geteilt
    Lack goldgelb
    Arbeit sehr schön

    Jacobus Stainer war ein Einzelner, und auch ein Einsamer. In der Kraft seines Ingeniums und in der Vollkommenheit seiner Arbeit stand er Antonio Stradivari sicher nicht nach, auch nicht an Zielstrebigkeit und Fleiß.

    Aber über seinem Lebensschicksal stand kein guter Stern. Auf der Höhe seines Erfolges und seiner Meisterschaft bekam er anhaltenden Ärger mit einem widersacherischen Händler, den er erst nicht ernst nahm, der aber dann nachhaltig an Stainers Kraft und Wohlstand zehrte. Noch erschöpfender und demütigender wurden die Querelen, die er mit der Kirche bekam, die ihn, ob seiner religiösen Aufgeschlossenheit, als Ketzer verdächtigte und ihn in einen lähmenden Prozeß verwickelte. So wurde Jacobus Stainer, der fortschrittliche, aber wohl auch etwas aufsässige Geist, mit unverständlichen und ihm belanglos erscheinenden Widerwärtigkeiten des Lebens konfrontiert.

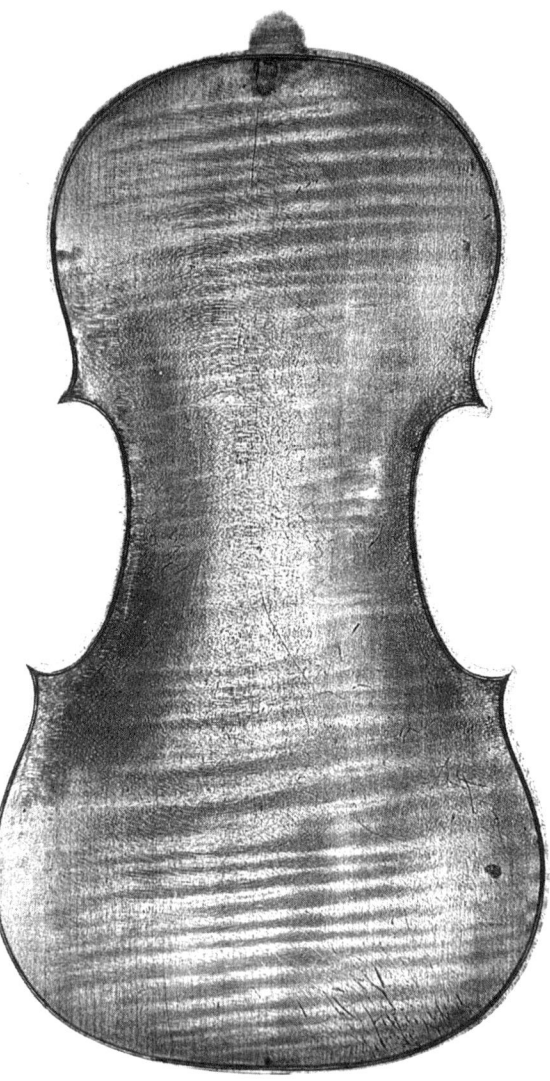

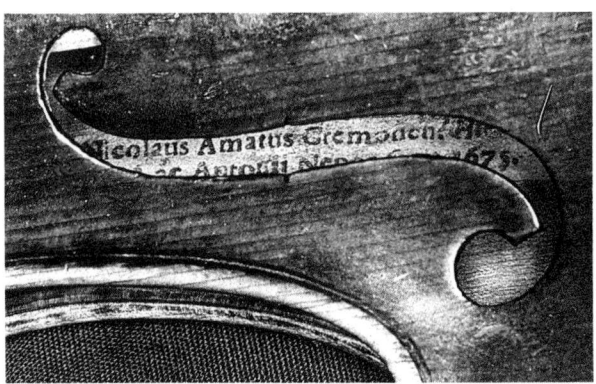

15. 7/8 Violine von Nicola Amati
    Cremona 1675
    Sammlung A. Sprenger St. Gallen

Stainer kam ins Grübeln und Sinnieren, er war nur mehr zeitweise fähig, eine regelrechte und ergiebige Arbeit in der Werkstatt zu tun, in der die Neuaufträge und zahllose Reparaturen einen wahren Herkules an Schaffenskraft verlangt hätten. Er geriet in Rückstand und die Familie in Not; Unordnung, Betrübnis und Ärger verwirrten ihn zusehends. Walter Senn legt den Beginn von Stainers Geisteskrankheit etwa in das Jahr 1675; Gertrud Pfaundler-Spat stimmt ihm in einer sorgfältigen und umsichtigen Untersuchung über „Stainers Bild in Literatur und Forschung" zu, und bezweifelt, ob man, wie Erich Egg es tat, Stainers Geisteskrankheit „zu einer verhältnismäßig kurzen Angelegenheit in den allerletzten Lebensjahren bagatellisieren" dürfe.

Nun fehlen freilich bei Senn in seinen Quellenangaben und Urkunden alle Hinweise auf eine so früh anzusetzende Unzurechnungsfähigkeit Stainers. Seine Briefe zeigen bis 1678 (spätere werden nicht zitiert) einen zwar eigenwilligen, aber geistig völlig geordneten Mann. Der erste urkundliche Hinweis (Nr. 159 auf S. 134 bei Senn) bestätigt die Lieferung eines von Stainer angefertigten Kontrabasses an den Münchner Hof um den Preis von 45 fl. am 13. Sept. 1680. Es heißt dann weiter: „Weillen sich aber ernanter Stainer mit ernandten 45 fl keineswegs contentieren wollen, auch lestlich ganz sinnlos worden, habe ich ihme noch yber die 45 fl geben 10 fl, also in allem ihme, Stainer, bezalt worden 55 fl."

In einer weiteren Urkunde vom 16. Aug. 1682 beim Gericht Thaur (Nr. 162 auf S. 134 bei Senn) heißt es im Zusammenhang mit der Bestellung eines Kurators für den beabsichtigten Hausverkauf des Jacobus Stainer: „Allein weilen, wie vermelt, er, Stainer, nit bei velliger vernonft und dahero vonneten ist, daß dergleichen contract mit rath aines zugeordneten curatorn beschechen sollen.."

Diese Berufung des Kurators für Jacob Stainer ist schließlich urkundlich am 22. Sept. 1683 bestätigt (Nr. 164 auf S. 135 bei Senn). „Wür haben euch wegen vorhabenden hausverkaufs für Jacobus Stainer umbwillen seiner annoch continuierenden sinnlosigkeit zu curatorn angesechen und fürgenommen..."

Die Annahme eines sehr späten Ausbruchs der Geisteskrankheit bei Stainer ist wohl durch eine falsche Datierung hinlänglich zu erklären. Egg hat nämlich die Lieferung der Baßgeige, die er als letzten nachweisbaren Auftrag an Stainer bezeichnet, versehentlich ins Jahr 1682 statt 1680 verlegt. Deshalb ist der Zweifel von Gertrud Pfaundler-Spat verständlich; Stainers Geisteskrankheit ist also mindestens seit 1680 nicht nur manifest, sondern bereits der Öffentlichkeit bekannt gewesen. Stainer war bei seinem Tode in geistiger Umnachtung im Oktober oder Anfang November 1683, nur 66 Jahre alt geworden.

52

16. Violine von Jacobus Stainer 1658
    Zuweisung und Foto:
    Jean Werro, Bern

17. Violine von Joannes Baptista Guadagnini
    Cremona 1758, (FS 52)
    Corpuslänge   35,75
    Breiten   16,55 — 10,95 — 20,55
    Zargen   3,05 — 3,05 — 3,1
    Mensur   19,45

Im allgemeinen wird, oft unbedacht, unter dem Begriff „Tiroler Schule", das impliziert, was angeblich in Tirol, und zwar vom 16. bis ins 20. Jahrhundert, an Geigenbaustil entwickelt wurde. Diese Definition bedarf der Korrektur. In Tirol gab es nur einen einzigen als Vorbild möglichen Lehrmeister, nämlich Jacobus Stainer. Er selber hat aber nachweislich keine Schüler gehabt und war, nach den Kriterien seiner Ausbildung und Arbeitsweise zu schliessen, ein der italienischen Geigenbaukunst zuzuordnender Meister.

Infolgedessen wird man den Begriff „Tiroler Schule", wenn er sich nicht ins Vage verlieren soll, anders definieren müssen, wobei vor allem zwei Fakten von maßgeblicher Wichtigkeit sind:

1) Diese Tiroler Schule hat sich erst *nach* Stainer, ohne dessen aktiven Anteil, aber sicher unter seinem Einfluß, vom Beginn des 18. Jahrhunderts an entwickelt;

2) Diese Tiroler Schule fand überhaupt nicht in Tirol, sondern an vielen anderen Stätten Europas statt: vorzugsweise in Mittenwald, aber auch in Rom, in Venedig und anderswo.

Es gibt also — außer Jacobus Stainer, und bei ihm ist Herkunft und Stil nicht identisch — kaum „Tiroler" Meister; die Schulen von Vils und Reutte (in Tirol) gehören zum Füssener Umkreis und Einfluß, wie R. Bletschacher überzeugend dargetan hat.

Andererseits wird auch nicht behauptet, um absichtlichen oder unabsichtlichen Mißverständnissen vorzubeugen, daß es die „Tiroler Schule" nicht gäbe; man muß sie nur zeitlich und örtlich und ihrem Wesen nach genauer definieren als bisher. Auch muß man das Paradox hinnehmen, daß hier „Tirol" nicht regional gemeint ist (rein geographisch sind inzwischen die „deutschen" Einflüsse in diesem Begriff wahrscheinlich stärker als die „Tiroler"): gemeint ist die Entwicklung eines Geigenbaustils, den der italienisch ausgerichtete Tiroler Jacobus Stainer vielerorts in seiner (von ihm nicht absehbaren) Nachfolge induziert hat.

Auch läßt sich wohl nicht in Abrede stellen, daß der Begriff „Tiroler Schule" gerne als Sammeltopf für nicht näher Definiertes oder nicht Definierbares benutzt wird. Wenn sich gewisse Erinnerungen einstellen, die unbewußt an „Geläufiges" gemahnen, aber eine genaue Zuweisung sich nicht ergeben will, ist die „Tiroler Schule" ein bequemer Abstellplatz.

Nun beruht das, was Stainer ganz ohne Absicht, jedenfalls ohne sein Zutun ausgelöst hat und heute schließlich mit dem vagen Begriff der „Tiroler Schule" umschrieben wird, auf sehr verschiedenen Phänomenen.

Zunächst wurde er, der seinen vielen Aufträgen und Reparaturen nur langsam und mitunter ungenügend in seinem „Einmannbetrieb" nachkommen konnte, nach seinem Tode für ein halbes Jahrhundert das am meisten kopierte Vorbild. Seine Violinen wurden mehr oder minder wörtlich nachgebaut, z.T. auch von ihm ebenbürtigen oder ihm gar überlegenen Meistern, am häufigsten von Francesco Gobetti. Gerade diese Kopien stellen heute, wenn auch ursprünglich als Fälschung intendiert, Instrumente dar, die ebenso gesucht und mitunter sogar teurer sind als echte Stainer-Violinen. Die andere, und noch viel länger dauernde Nachwirkung war, daß nicht nur Einzelinstrumente mehr oder minder täuschend nachgeahmt wurden, sondern daß die Stilmerkmale seiner Arbeit und seiner Modelle (die wir bereits ausführlich zu kennzeichnen versucht haben) andere Schulen beflügelt und beeinflußt haben. Dabei wurden meist nur einzelne Merkmale übernommen oder örtlich erheblich abgeändert. Hätte Jacobus Stainer selbst diese „Tiroler Schule" gegründet, wäre sie wohl seinen bisher geschaffenen Arbeiten in wörtlicherer Weise verpflichtet geblieben. So aber ging manches verloren, was noch wesentlich zu seinen Instrumenten gehörte: vor allem sein absolut italienischer Lack, der — außerhalb Italiens jeden Bezug zu Stainer verlor.

Das Wesentliche der „Tiroler Schule" besteht also darin, daß Einzelzüge des Patrons und der handwerklichen Manier von Stainer übernommen und auf verschiedene Weise weiter entwickelt wurden, wobei sowohl die Art der Übernahme als auch die ihrer Weiterentwicklung zu verschiedenen Ergebnissen führte. So finden sich, was die von Jacobus Stainer ausgelösten „Entwicklungsschübe" anbelangt, in Mittenwald andere Komponenten als etwa in Rom oder in England. Im Venedig des beginnenden 18. Jahrhundert wirkte nicht nur das Vorbild Stainers: in gleicher Weise machten sich Einflüsse aus Brescia und Cremona bemerkbar. Der mehr Cremona verpflichtete Lack Stainers wandelt sich in einen geradezu „spezifischen" Venedigs.

Um es noch einmal zusammenzufassen: Der Begriff „Tiroler Schule" schließt also einerseits eine mehr oder minder starke stilistische Abhängigkeit vom Vorbild Stainer ein, statuiert aber andererseits eine jeweils verschiedene Auswahl der übernommenen Merkmale und deren Weiterentwicklung durch die Zugabe örtlicher Gegebenheiten zu einem im Einzelfall doch wieder eigenen Modell. Diese örtliche Ausformung trifft beispielsweise für Mittenwald und die dort entstandene Schule in vollem Umfang zu, während etwa, überspitzt formuliert, der Geigenbau in Rom eine in vielem wörtliche Dependance Venedigs und Stainers war, genauer: des venezianischen Stils, soweit er ohne jede Absicht von Jacobus Stainer geprägt worden war. Alfred Berr hat sich zwar sein Leben lang für die Selbständigkeit Roms als Geigenbauzentrum eingesetzt, aber sein Enthusiasmus war stärker als es seine Argumente sind.

Auch Otto von Schulmann spricht nur von einer „sogenannten" Schule von Rom. Nach ihm umfaßt sie „einige ausgesprochene Eklektiker, die sich sowohl von Cremona (N. Amati) als auch vom „Tiroler Stainertyp" anregen ließen" (S. 35).

Von den Geigenbauern in Rom muß ihr wohl namhaftester, David Tecchler, zu den venezianischen Meistern gezählt werden, auch wenn er nur temporär in der Lagunenstadt gearbeitet hat.

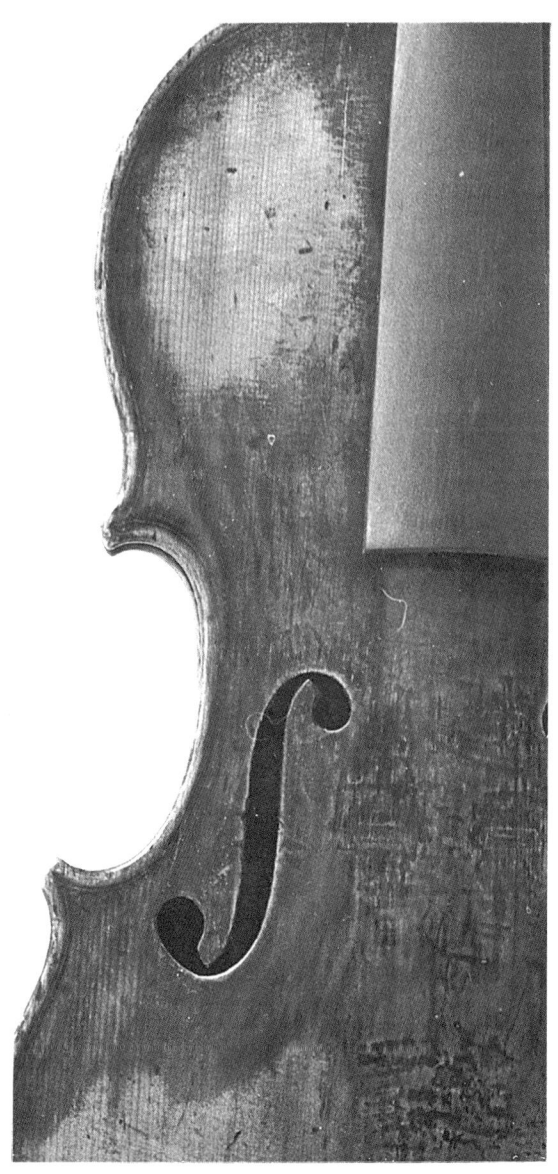

zu 18. Violine von David Tecchler, Detail

David Tecchler (1666 — ca. 1748)

Der in Augsburg (nicht in Salzburg) im gleichen Jahr wie Matteo Goffriller, nämlich 1666, geborene hieß ursprünglich Teckler oder Deckler. Die Variante „Techler" ist nicht auszuschließen, da die Aussprache des deutschen „ch" einer italienischen Zunge schwer fällt. Infolgedessen kann der K-Laut in „Tecchler" abgewandelt sein und der ursprüngliche Name kann auch Dechler oder wahrscheinlicher Techler gelautet haben. Jedenfalls hat der Meister selbst die italienisierte Fassung „Tecchler" in seinen Zetteln etwa ab 1703 benutzt und sie damit als weitgehend synonym mit seinem ursprünglichen Namen anerkannt.

David Tecchler arbeitete einige Jahre in Salzburg (das nicht seine Geburtsstadt ist) und ging dann, vielleicht schon ehe er ein ausgelernter Meister war, nach Venedig. Sein Aufenthalt in Venedig wurde entscheidend für seinen Arbeitsstil, und das ist bis in seine späte Periode zu verfolgen. Darin sind sich eigentlich alle Experten einig; nur Vannes hält die Annahme einer längeren Arbeitszeit in Venedig für einen „Irrtum", ohne dafür Gründe oder gar Belege zu erbringen. Alle übrigen Autoren halten an einer eher längeren als kürzeren Tätigkeit Tecchlers in Venedig fest, ohne sie genau zu datieren. Sie muß sich indessen innerhalb des Zeitraumes zwischen 1690 und 1700, spätestens 1705, abgespielt haben.

Arnold Sprenger spricht in seinem Buch über die venezianischen Meister bei zwei Instrumenten Tecchlers (einer Viola und einem Violoncello), die er ins Jahr 1703 datiert, von einer „Übergangszeit Venedig/Rom". Das ist eine sehr einleuchtende Formulierung, gerade im Hinblick auf die Tatsache, daß es Instrumente David Tecchlers mit erhaltenen Originalzetteln gibt, die ab 1700 in Rom datiert sind. Drei von den vier hier vorzustellenden Instrumenten tragen solche Originalzettel von Tecchler, lautend auf Rom 1700, 1704 und 17.. (mit fehlenden Zehnerzahlen). Die Frage ist nur, ob die Zuweisung nach Rom stimmt. Es ist nämlich nicht nur möglich, sondern sogar wahrscheinlich, daß der Meister seinen Wechsel nach Rom sorgfältig und langfristig geplant und eine Reihe von Instrumenten vorgefertigt hat. Die dazu nötige Zeit besaß er. Denn seine Geschäfte in Venedig scheinen nicht gut gelaufen zu sein, was wahrscheinlich der maßgebliche Grund dafür war, die Stadt zu verlassen und sein Glück in Rom zu versuchen, wo er immerhin gute Beziehungen zum Vatikan gehabt zu haben scheint. Wenn ihm in Venedig — sei es aus Vorsorge oder mangels genügender Verkäufe — ein stattlicher Bestand an Instrumenten übrig blieb, so wäre es nur natürlich, daß er in Rom zwar nicht unbedingt die Datierung, aber doch den Herstellungsort geändert hätte; denn er hat sicher

18. Violine von David Tecchler, ca. 1705-1710
    Corpuslänge   35,9   Zargen   2,8 – 2,9 – 2,95
    Breiten   16,7 – 11,1 – 20,8   Mensur   19,1
    Decke ganz, Boden heller goldbraun

Wert darauf gelegt, seine in Rom zum Verkauf stehenden Instrumente als Erzeugnisse aus der neuen Arbeitsstätte gewertet zu wissen.

Es ist auch sehr aufschlußreich, daß Instrumente Tecchlers mit Zetteln aus Venedig nicht bekannt sind, obgleich gar kein Zweifel daran sein kann, daß er dort möglicherweise sogar sehr viele hergestellt hat. Das Wahrscheinlichste ist also, daß auch die Instrumente aus Venedig Zettel aus Rom tragen.

Geben schon diese Überlegungen einen wertvollen Fingerzeig, so lassen die Instrumente der frühen Arbeitsperiode Tecchlers nicht den geringsten Zweifel daran zu, daß er völlig unter dem stilistischen Einfluß Venedigs steht. In seiner ersten Periode, deren Ende schwer zu datieren ist, muß David Tecchler als ein venezianischer Meister betrachtet werden. Erst in seiner späteren Zeit in Rom, aber nicht vor 1710, gerät er mehr unter den Einfluß der Cremoneser Guarneri.

Die hier vorzustellenden Instrumente stammen alle aus dieser frühen „Venediger" Zeit des Meisters, zwischen 1700 und ca. 1705; das vierte entstand etwa zwischen 1705 und 1710. Sie zeigen insgesamt vom Einfluß Stainers die hohe Wölbung und die Stellung und den ungefärbten Schnitt der ff-Löcher, von N. Amati das Patron, von dem dann allmählich auch dessen Wölbung — statt derjenigen Stainers — übernommen wird. Die Ecken der Instrumente David Tecchlers sind anfänglich auch kurz in der Art von Stainer und Amati, erst später in Rom werden sie länger, spitzer und griffiger.

Die Besonderheiten Tecchlers sind indessen unübersehbar. Sein Patron ist immer groß, und eigentlich mächtiger als das von Stainer oder Amati: es zeigt ganz das Venezianer Modell. Auch die ff-Löcher sind, bei allem Einfluß Stainers, eigenständig: zwar steil, aber länger und in den unteren Klappen weiter nach außen schwingend. Dadurch kommt, trotz der Steilheit, eine sehr schwungvolle Linie in deren Führung. Max Möller sieht in den ff-Löchern einer Viola (allerdings im Jahr 1730) neben dem Einfluß Stainers denjenigen des Santo Serafin; dennoch billigt er deren Schnitt Eigenständigkeit zu.

Eigenständig wirken auch — neben der ganzen Arbeitsweise, der Holzwahl, dem Patron — Wirbelkasten und Schnecke des D. Tecchler. Ersterer ist meist ziemlich kurz, aber stark geschwungen und nicht eigentlich schwach. Von der Schnecke behauptet Otto v. Schulmann, sie sei „ziemlich klein". Das trifft für die hier gezeigten nicht zu, die deutlich gearbeitete, kraftvolle Windungen und ein durchaus eigenständiges, imposantes Gesicht zeigen (Abb. IV und 18).

Schließlich ist ein deutliches venezianisches Zeichen der Lack des David Tecchler. Er ist anfänglich mehr rot oder braun und nimmt erst später die hellgelbe Tönung der Cremoneser Meister an. Wie bei vielen Venezianern zeigt der Lack Tecchlers die Neigung, gelegentlich zu gerinnen und sog. Krakelee-Muster zu zeigen; vor allem O. v. Schulmann hat auf diese Besonderheit hingewiesen. Die Instrumente der Farbtafeln IV, V, VI, zwischen 1700 und 1705 bezettelt bzw. einzuordnen, zeigen mehr das Modell Stainers als dasjenige Amatis. Die Violine der Abb. 18 ist etwas später gebaut (ca. 1705 – 1710), die Ecken sind bereits etwas spitzer und griffiger, aber insgesamt ist das Patron noch weitgehend von venezianischem Einfluß geprägt.

Berühmter als seine Violinen wurden Tecchlers Baßinstrumente. Jalovec betont, daß eine Viola vom Jahr 1700 wie ein tiefes Baßinstrument klinge. Vor allem gefragt sind seine Violoncelli (ein prächtiges ist in Abb. VI wiedergegeben) und Contrabässe. Dem Autor ist auch ein Contrabaß von David Tecchler bekannt; auf eine Abbildung wurde verzichtet, weil die Datierung des Instruments schwierig ist; vielleicht stammt es aus der späteren Zeit in Rom.

*

David Tecchler, den wir vorweggenommen haben, zeigt einerseits, in welcher fast wörtlichen Weise die sog. Tiroler Schule in Rom weiterlebte: Bei aller Größe der einzelnen Meister mehr im Sinne einer Nachfolge als einer eigenen, richtungsweisenden Schule.

David Tecchler zeigt andererseits, auch wenn er ein römischer Meister wurde, alle Ingredienzien, aus denen die Besonderheit der venezianischen Geigenbauer zusammengesetzt ist. Bei ihm, wie bei allen noch zu besprechenden, das Thema dieses Buch bildenden Meistern, mischten sich eine starke Nachwirkung des Jacobus Stainer, ferner nicht minder deutliche Einflüsse Cremonas und schließlich ebenso kräftige eigene Zutaten. Daraus wurde, in den verschiedenen Mischungsverhältnissen, ein besonderer und trotz seiner großen Schwankungsbreite im einzelnen unverwechselbarer Stil: Das Geigenbauzentrum von Venedig.

DAS KLASSISCHE GEIGENBAUZENTRUM VENEDIG

Die ökonomischen und musikhistorischen Vorbedingungen

Durch Cremona und seine Erfolge beflügelt, nahm der Bau von Streichinstrumenten von der zweiten Hälfte des 17. und über das ganze 18. Jahrhundert hindurch einen großen Aufschwung. Es bildeten sich eine Reihe neuer Geigenbauzentren, wobei die klassischen drei auch bei der Neugründung anderer ihren Einfluß zu behaupten suchten. Die Voraussetzungen dafür waren indessen nicht überall gleich gut, trotz des allgemein gewachsenen Bedarfs an Streichinstrumenten. Wirtschaftliche und gesellschaftliche Einflüsse, wie auch die Art und das Gewicht der Musikausübung spielten eine maßgebliche Rolle.

Mit dem Untergang der Stauferkaiser (Mitte des 13. Jahrhunderts) begannen in Oberitalien die großen Rivalitätskämpfe der sich entwickelnden Stadtstaaten, Venedig gelangt etwa um 1450 auf den Höhepunkt seiner politischen Machtentfaltung. Aus ihr entwickelte sich ebenso großer Reichtum wie eine blühende, geistiger und musischer Betätigung zugewandte Kultur. Dieser Boden trug auch für den anhebenden Geigenbau reiche Früchte. Der weit verzweigte Seehandel der völlig international orientierten Lagunenstadt lieferte Waren aus aller Welt; aus dem Orient vor allem die köstlichen Seiden, die seltenen Spezereien, Farbstoffe, Harze und auch die Hölzer, die der Geigenbau benötigte, sofern er nicht mit einheimischen Produkten auskam.

Nicht nur hinsichtlich der Bereitstellung der erforderlichen Rohmaterialien hatte Venedig in kurzer Zeit das ehemals mächtige Cremona überflügelt, sondern der rapid angewachsene Bedarf an Streichinstrumenten war noch völlig ungedeckt. In Cremona hatten spätestens zu Beginn des 18. Jahrhunderts die lange neben- und miteinander erfolgreichen Dynastien der großen Geigenbauer begonnen, gegeneinander zu konkurrieren und zu rivalisieren. Spätestens um diese Zeit hatte es beispielweise die Guarneri-Werkstatt schwer, sich gegen die viel erfolgreichere der Stradivari durchzusetzen.

In dem immer noch grundlegenden Buch der Gebrüder Hill über die Guarneri-Familie (1930) wird überaus deutlich, daß diese Werkstatt schon vor 1720 die starke Konkurrenz aus der Piazza San Domenico, wo die drei Stradivari arbeiteten, zu spüren bekam; die Aufträge seien, so heißt es bei den Hill, „selten und nur von weitem" gekommen. Aus diesem Grund verließ Pietro II. Guarneri 1718 die väterliche Werkstatt und ließ sich, nach einem längeren Aufenthalt bei seinem Onkel Pietro in Mantua, zwischen 1722 und 1724 in Venedig als Geigenbauer nieder. In der Werkstatt Guarneri war, vor Pietro II., Carlo Bergonzi bereits spätestens 1715 ausgeschieden. Sowohl er als auch der geniale

Joseph Guarnerius del Gesù setzten sich schließlich gegen die Stradivari-Werkstatt durch, während der alternde Joseph Filius Andreae immer mehr vereinsamte. Sein letztes bekanntes Instrument ist vom Jahr 1727 datiert; zwischen 1730 und 1740 war er schon weitgehend ohne Helfer und einer produktiven Arbeit kaum mehr fähig. Er starb an unbekanntem Ort 1739/40, wahrscheinlich unterwegs zu seinem Sohn Pietro in Venedig.

Zu der „Jungfräulichkeit" des Marktes kamen aber noch weitere Vorteile musikalischer Natur, die Venedig vor Cremona auszeichneten. Einmal nämlich war, trotz des großen Absatzes der Cremoneser Geigen in aller Welt, das Klangbild ihrer Instrumente nicht das marktbeherrschende. Wesentlich gefragter ob ihres flötend-einschmeichelnden, kammermusikalisch-intimen Tons waren die Instrumente Stainers, wohl bis in die Mitte des 18. Jahrhunderts hinein. Jacobus Steiner aber war im Jahr 1683 gestorben, und schon lange vorher nicht mehr imstande gewesen, der überhand nehmenden Nachfrage nach seinen Instrumenten — von den anfallenden Reparaturen ganz abgesehen — auch nur einigermaßen nachzukommen. Es stellte sich also geradezu zwangsläufig die Notwendigkeit ein, einen „Ersatz" für Stainer zu finden, d.h. sein Modell — erlaubt oder unerlaubt — nachzubauen und weiter zu verfolgen. Da Stainer enge Beziehungen zur Lagunenstadt gehabt hatte und wahrscheinlich ein in Venedig ausgebildeter Meister, und damit dort in einer gewissen Tradition präsent geblieben war, bot sich Venedig als Nachfolge von Cremona geradezu an.

Dazu kommt als letztes: Auch die übrigen musikalischen Rahmenbedingungen, der hohe Standard der allgemeinen Musikausübung und die notorische Musizierfreude, favorisierten Venedig vor allen anderen Städten Norditaliens, sogar vor Mantua (mit dem Hof der Gonzaga) und Florenz (der Stadt der Medici). In Venedig war im Jahr 1637 das erste Opernhaus in Europa entstanden; das erste nicht zu einem Adelspalast gehörige, zu dem den Städtern ein bezahlter Eintritt möglich war. Diese Errungenschaft machte Schule: Im Jahr 1700 gab es bereits 11 Opernhäuser in Venedig.

Diese beispiellose Zunahme des musikalischen Interesses und der Musizierfreudigkeit verdankte Venedig einigen in ihrer beflügelnden Wirkung nicht hoch genug einzuschätzenden Musiker-Persönlichkeiten, die zugleich Virtuosen und Komponisten waren. Vorrangig zu nennen ist der zwar in Mantua 1567 geborene, und erst am Hof der Gonzaga in Mantua tätig gewesene *Claudio Monteverdi*, der von 1613 bis zu seinem Tod im Jahr 1643 Kapellmeister von San Marco in Venedig war. Er setzte erstmalig 1607 die Violinen chorisch in dem von da an sich ständig vergrößernden Orchester ein und übte einen belebenden Impuls auf den Bau neuer Violinen und anderer Streichinstrumente aus. Die Orchester der großen Kirchen und Opernhäuser begannen vor allem ihre Streicherbesetzung erheblich zu erweitern. Das Erstarken der professionellen Musiker rief indessen die nicht professionellen auf den Plan: die „Dilettanti", die Liebhaber, die ohne Entgelt und professionelles Engagement, in Patrizierhäusern und in Palästen ein reges Musikleben entfachten. Und für die Ausbildung aller dieser Musiker, der Professionellen und der Dilettanten, sorgten die Konservatorien, von denen es im Jahr 1739 bereits vier in Venedig gab.

In ihnen wurden junge Musiker, auch junge Damen, z.T. sogar Waisen oder Findelkinder, in hervorragender Weise – wie zeitgenössische Berichte belegen – in der Erlernung und Handhabung sowohl von Blas- als auch Streichinstrumenten ausgebildet. Der absolut soziale und gemeinnützige Charakter dieser Anstalten lebt z.T. noch in deren Namen weiter; das angesehenste und offenbar erfolgreichste war das „Conservatorio dei Mendicanti" (also der Bettler). Im Jahr 1670 wurde zum Direktor dieses Konservatoriums der namhafte Komponist *Giovanni Legrenzi* (1626 – 1690) berufen, der überdies, als einer der Nachfolger Monteverdis, im Jahr 1685 Kapellmeister von San Marco wurde. Legrenzi vergrößerte das Orchester dieser berühmten Kirche auf 34 Spieler, davon waren 23 Streicher. Legrenzi machte sich jedoch nicht nur viele Mühe bei der Ausbildung tüchtiger professioneller Streicher, sondern er vergaß auch die in kleineren Besetzungen spielenden Dilettanten nicht. Er schrieb bereits 1677 „Sonate a due violini e violoncelli", eine für die damalige Zeit, in der noch die Gambe über das Violoncello herrschte, bemerkenswerte Kombination (Hill 1930, Riemann Musiklexikon).

Noch entscheidender indessen wurde die Ausbreitung und Entwicklung des Violinspiels (vor allem des technischen Standards) durch einen weiteren berühmten Venezianer gefördert: durch *Antonio Vivaldi* (1678 – 1741). Zuerst war er – unter Legrenzi ab 1685 – Violinist in San Marco, ab 1703 Violinlehrer und Dirigent an diesem Orchester. Vielleicht noch wirkungsvoller für die Ausbildung von professionellen Streichern war seine Tätigkeit als Direktor des „Conservatorio della Pietà", das an Ansehen und Erfolg mit dem „Conservatorio dei Mendicanti" konkurrierte. Vivaldi beflügelte als Geigenvirtuose und Komponist für die Violine nicht nur die Beliebtheit dieses Instruments und dessen technische Möglichkeiten (J.S. Bachs Solosonaten und -partiten für die Violine sind ohne Vivaldi nicht denkbar), sondern er schrieb für das Violoncello, das gar nicht sein Instrument war, noch viel mehr. Allein in der Handschriftenbibliothek der Grafen Schönborn in Wiesentheid bzw. Schloß Pommersfelden liegen noch rund 150 inedierte Violoncellokonzerte von Antonio Vivaldi; einige von ihnen wurden von Dr. Fritz Zobeley herausgegeben. In ihnen finden sich Stellen in hohen Lagen, die ohne Daumenaufsatz nicht spielbar sind. Vivaldi hat also sowohl die Verbreitung und Technik der Violine als auch des Violoncellos in maßgeblicher Weise gefördert und damit wohl auch mittelbar den Bau vieler neuer Streichinstrumente induziert.

Das erste Solostück für Violine schrieb ebenfalls ein Venezianer: 1620 erschien von *Bagio Marini* „Romanesca per Violino solo e Basso se piace"; d.h., der akkompagnierende Contrabaß (bzw. das Violoncello) konnte weggelassen werden.

Ein anderer Venezianer, *Benedetto Marcello* (1686 — 1739) hat sechs Solosonaten für das Violoncello geschrieben, nach J.S. Bach, 1733 — 1735. Marcello übertrug in seinen berühmten ‚Fünfzig Psalmen' (1724 — 1727) dem Violoncello viele solistische Stellen.

Alle diese hier geschilderten Umstände: die wirtschaftlichen, die geigenbauspezifischen, nicht zuletzt die musikalischen, haben den Streichinstrumentenbau in Venedig von etwa 1680 ab bis Ende des 18. Jahrhunderts in einer einzigartigen Weise gefördert und ein Zentrum erzeugt, das nicht minder vielfältig, ja vielleicht insgesamt aufregender ist als die an Vollendung unübertroffene Schule von Cremona.

Die biographischen Daten zahlreicher Meister liegen, vor allem in wichtigen Einzelheiten, noch im Dunkeln. Von einigen ist weder das genaue Geburts- noch Todesjahr bekannt, auch fehlen oft Belege über Ort und Zeit der durchgemachten Ausbildung, über Beginn und Ende der selbständigen Arbeit. Ihre Ausbildung ist oft nur über die stilistischen Merkmale ihrer Arbeit erschließbar, wobei mitunter nur eine annähernde Einordnung, aber keine verbindliche Sicherheit zu erzielen ist.

Im ganzen haben wir uns — nach David Tecchler — mit 12 weiteren venezianischen Meistern zu beschäftigen, die einander in fast verwirrender Weise hinsichtlich ihrer jeweiligen Arbeitszeit überschneiden.

Einigkeit scheint inzwischen darüber zu herrschen, daß der älteste Meister Matteo Goffriller ist, der — auch nach den Hills — den Anfang der venezianischen Schule darstellt. Wieviel jünger sein Bruder Francesco war, der die wesentliche Zeit seines Lebens mit Matteo arbeitete und erst nach dessen Tod nach Udine zog, ist nicht bekannt; es kann sich indessen wohl nur um einige Jahre handeln. Zeitlich am nächsten kommen einander Francesco Gobetti, Carlo Tononi und Domenico Montagnana, zumindest was ihre Geburt betrifft. Über die Mitte des 18. Jahrhunderts hinaus wirkten Giorgio Serafin, die beiden Deconetti und der letzte Tononi. Auch Pietro II. Guarneri, in gewisser Weise der venezianische Sonderfall, gehört ganz dem 18. Jahrhundert an.

Wertet man die mitunter recht unterschiedlichen, wenn nicht z. T. vagen Angaben der Literatur aus, so läßt sich etwa folgende Konkordanz hinsichtlich Geburt und Arbeitszeit der einzelnen Meister aufstellen:

Geburtsjahr	Meister	Arbeitszeit in Venedig
1666	David Tecchler	ca. 1690 — 1705
1666	Matteo Goffriller	ca. 1685 — 1735 († 1742)
ca. 1670	Francesco Goffriller	ca. 1685 — 1742
ca. 1675	Carlo Tononi	1703 — 1730
ca. 1680	Francesco Gobetti (angebl. 1668)	ca. 1700 — 1749
1689	Domenico Montagnana	ca. 1720 — 1756
ca. 1695	Giovanni Battista Deconet	ca. 1720 — 1750
1695	Pietro II. Guarneri	ca. 1720 — 1762
ca. 1698	Carlo Antonio Tononi	ca. 1720 — 1768
1699	Santo Serafin	ca. 1710 — 1765
ca. 1720	Giorgio Serafin	ca. 1740 — ca. 1750
ca. 1722	Michele Deconet	ca. 1740 — 1795

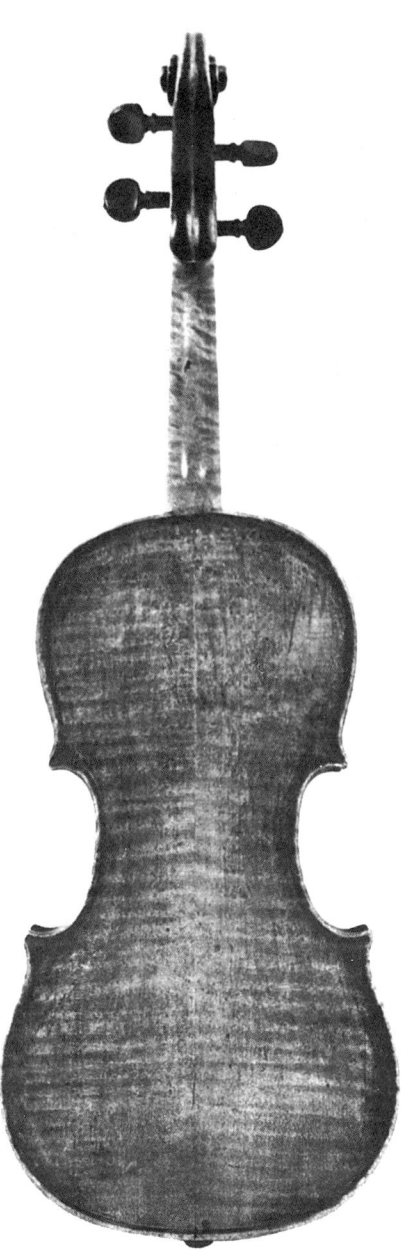

19. Violine von Francesco Goffriller
    nach W. Hamma, Meisterwerke...,
    1964, S. 306

Nicht besprochen werden, weil dem Autor zu wenig originales Material zur
Verfügung steht: Anselmo Bellosio 1715 – 1789 Domenico Busan ca. 1715 –
1780 (?) Giambattista Bodio 1790 – 1832 und Vater Gennaro Giacinto Santa-
giuliana 1770 – 1830 (Vicenza und Venedig) Bartolomeo Tassini 1740 – 1860.
Dagegen soll eines Meisters gedacht werden, der in Treviso, aber auch in
Mantua und Venedig gearbeitet, vor allem aber in Venedig gelernt hat: Pietro
Antonio della Costa 1700 – 1768.

Die Goffriller-Werkstatt

Jahr und Ort der Geburt, Ort und Dauer der Ausbildung, sowie andere Einzelheiten der Biographie des Matteo Goffriller sind z.T. noch heute in Dunkel gehüllt. Wesentliche, aber bislang nicht bekannt gewordene neue Erkenntnisse haben vor allem die Forschungen des E.M.W. Paul (alias Paul Rosenbaum) erbracht. Sein plötzlicher Tod im Oktober 1966 in Venedig hat ihn seine jahrelange Arbeit, die Durchforstung und Entzifferung der Kirchenbücher vieler Pfarreien Venedigs, sowie die Publikation des Gefundenen, nicht vollenden oder durchführen lassen. Es bleibt abzuwarten, wann und in welcher Form der von seinen Erben der Firma J. und A. Beare in London zunächst übergebene, inzwischen aber offenbar umstrittene Nachlaß Pauls und damit seine Erkenntnisse über Goffriller und die übrigen venezianischen Meister an die Öffentlichkeit gelangen. Die sicher nicht unerheblichen Schwierigkeiten scheinen nicht nur in dem wirklichen Umfang seiner nicht immer eindeutig niedergelegten Funde zu liegen, sondern auch grundsätzlich in deren Art. So wollen manche Anschauungen Pauls zu unserem bisherigen Wissensgut nicht passen, wie etwa die Behauptung, der Lehrer Stradivaris sei nicht, wie wir bislang aus guten Gründen annehmen, Nicola Amati, sondern Francesco Ruggeri, in dem wir bislang einen Mitschüler des Antonio Stradivari sahen, gewesen.

Ehe also die Ergebnisse der Forschungen von E.M.W. Paul publiziert sind, bleiben wir auf Mitteilungen angewiesen, die Paul anderen gegenüber gemacht hat. So finden sich in THE STRAD vom Jahr 1982 wichtige Beiträge von Maurice Youngman und R.A. Vocadlo; auch der Autor dieser Zeilen stand über Jahre in persönlichem und brieflichem Kontakt mit E.M.W. Paul, so daß die in der Literatur niedergelegten Berichte über Pauls Forschungen in einigen Details ergänzt werden.

Da sich das Andenken an E.M.W. Paul seit seinem Tode (Oktober 1966) leider schon weitgehend verloren hat und vor allem deutsche Leser ihn nicht mehr kennen, dürften einige biographische Hinweise nicht unerwünscht sein.
Paul Rosenbaum, in Heidelberg geboren, besuchte dort noch das Humanistische Gymnasium, als die Nationalsozialisten 1933 an die Macht kamen. Er hatte Violinunterricht bei Rudolf Stolz, der ein angesehenes Streichquartett anführte, aber nebenberuflich auch Geigen baute. Letzteres interessierte den Paul Rosenbaum bald viel mehr als der Violinunterricht; er blieb, gerade in diesem Bereich, ein beflissener Schüler von Rudolf Stolz. Dieser aber wurde mehr als sein Lehrer; er wurde sein Freund, Beschützer und zuletzt sein Helfer bei seiner Emigration nach England. Da Rudolf Stolz als Soldat den Krieg nicht überlebte, bezeigte Paul Rosenbaum, inzwischen zum E.M.W. Paul geworden, der Tochter von Rudolf Stolz, die ebenfalls Berufsgeigerin ist, nach dem Krieg seine Dankbarkeit und schenkte ihr eine Violine von Pietro II. Guarneri.
In den fünfziger Jahren machte Paul häufig, seine Reisen nach und von Venedig unterbrechend, Station in Heidelberg. Er liebte die Stadt und das erhalten gebliebene Milieu des Hauses Stolz, auch wenn sein ehemaliger Geigenbaulehrer Rudolf Stolz nicht mehr lebte. Durch dessen Tochter, Hedi Stolz-Ryce, habe ich Paul im Jahr 1955 kennengelernt, und wir haben in mehreren Sommern viel „fachgesimpelt". Gar manche der hier vorgestellten Instrumente hat er gesehen und mündlich begutachtet. Es hat unsere Gespräche nur belebt, daß wir nicht immer gleicher Meinung waren; ich habe viel von ihm gelernt.
Mein letzter Brief an ihn trägt das Datum vom 18. 6. 1961; Paul hat ihn nicht beantwortet. Er war damals schon schwer krank.

68

E.M.W. Paul hat in den Kirchenmatrikeln Venedigs manche wichtigen, bislang unbekannten Daten des großen Meisters gefunden.

Matteo Goffriller wurde — nicht in Venedig, sondern in einem Gebirgsdorf in Tirol — im Jahr 1666 geboren, und er ist in Venedig im Jahr 1742 gestorben. Bestattet wurde er in einem Armengrab. Nach der Ansicht von Paul hat Goffriller in den letzten sieben Jahren seines Lebens (also ab 1735) nicht mehr arbeiten können, weil er krank war und an Anfällen litt. Paul scheint — nach dem Bericht des inzwischen ebenfalls verstorbenen M. Youngman — eine Epilepsie angenommen zu haben.

Hier müssen indessen, um das sich klärende Bild Goffrillers nicht von Anfang an gleich wieder zu trüben, aus ärztlicher Sicht grundsätzliche Bedenken gegen Pauls Interpretation angemeldet werden.

Es ist nötig, den Begriff Epilepsie genauer zu differenzieren. Zu unterscheiden ist von einer echten, bereits in der Jugend auftretenden Epilepsie eine solche Form, die andere Ursachen hat, bei der also neben anderen Symptomen gewisse Züge der Epilepsie, d.h. ihre mit typischen Vorboten verlaufenden, in Bewußtlosigkeit endenden Anfälle nachgeahmt werden. Man kann wohl ohne großes Risiko behaupten: eine echte, bereits in der Jugend manifestierte Epilepsie kann Matteo Goffriller nicht gehabt haben. Mit einer solchen wäre er in keine Lehre aufgenommen und somit nicht Geigenbauer geworden. Im Alter von 68 Jahren muß ihm entweder ein schwerer Unfall zugestoßen sein, oder er bekam eine Organkrankheit, vielleicht einen Hirntumor oder allgemeine, altersbedingte Gefäßveränderungen, die ihn, auch ohne Anfälle, zu keiner gezielten Arbeit mehr befähigt hätten.

Der Geburtsort Goffrillers ist weder das apokryphe, von Lütgendorff 1904 angegebene „Lajen" (offenbar ein Phantasiename), noch das hypothetische Udine; dahin ging Francesco Goffriller offenbar erst nach dem Tod seines älteren Bruders und nach Auflösung der Werkstatt in Venedig. Matteo Goffriller ist, wie bereits gesagt wurde, in einem Tiroler Gebirgsdorf geboren. Paul hat den Ortsnamen gefunden; ob er ihn überliefert hat, ist mir nicht bekannt. Mir gegenüber hat er von seinem Fund mehrmals berichtet, aber den Ort nie genannt.

Dagegen hat sich Paul mir gegenüber wiederholt und unmißverständlich über den Familiennamen des Meisters geäußert. Paul hat nachgewiesen, daß Goffriller ursprünglich „Gfriller" hieß. Da es aber für eine südländische Zunge (und nicht nur für sie) unmöglich ist, drei Konsonanten (G, f, r) hintereinander auszusprechen, mußte notgedrungenerweise nach dem anlautenden Anfangsbuchstaben G ein Vokal eingeschoben werden; es lag nahe, das dunkle o zu wählen. Durch die damit bewirkte Trennung der drei aufeinanderfolgenden

Konsonanten wurde es möglich, den Namen des Meisters auszusprechen. Der eingeschobene Vokal o bedeutete nicht nur eine Silbe mehr, sondern er zog zwangsläufig den Akzent um eine Silbe nach vorne; diese Verschiebung und die Betonung des o hatte aber wieder zur Folge, daß das dem o folgende f verdoppelt werden mußte. Man stelle sich aber nun nicht vor, daß dieser philologische Vorgang schnell oder unzweideutig abgelaufen wäre; es gab viele Zwischenstufen und Varianten, und Paul hat rund 20 verschiedene Schreibweisen des Namens Gfriller gefunden. Aber es besteht kein Zweifel, daß die nun üblich gewordene Schreibweise Goffriller die phonetisch und philologisch beste ist.

E.M.W. Paul hat auch die Heiratsmatrikel Matteo Goffrillers in Venedig gefunden. Der „Zugereiste" wurde also durch die Heirat mit einer Bürgerstochter Bürger der Stadt Venedig. Paul hat auch die Taufeinträge der Kinder des Ehepaares Goffriller gefunden. Nähere Daten, die er mit Sicherheit besessen hat, sind mir noch unbekannt (Zahl der Kinder, deren Hochzeiten und Kinder usw.). Goffrillers in Krankheit und Armut verlebte letzte Lebensjahre lassen nicht darauf schließen, daß er von seinen Kindern oder Großkindern unterstützt oder versorgt worden sei. Sein Bruder Francesco ist wohl bis zuletzt bei ihm geblieben; es ist anzunehmen, daß die Frau des Matteo lange vor ihm gestorben ist.

Mattio Gofrilleri in Venetia
Al'Insegna di Cremona 169?

Die Rolle des Francesco Goffriller

Hier stellt sich nun die – bislang kaum ernsthaft untersuchte – Frage, welche Rolle Francesco Goffriller in der Werkstatt seines Bruders Matteo gespielt hat. Um das Wirken des Matteo Goffriller und die wahre Reichweite seiner Werkstatt besser beurteilen zu können, sei die Betrachtung über Francesco, auch wenn sie der Chronologie zuwiderläuft, vorangestellt. Francesco zum älteren der beiden Brüder machen zu wollen, wie es K. Jalovec ohne beweiskräftiges Material mit den Eckdaten Francescos 1660 – 1740 versucht hat, ist abwegig und irreführend. Francesco ist, wie alle übrigen Forscher annehmen, jünger als Matteo gewesen.

Immerhin hat er seinen Bruder Matteo, dessen Todesjahr inzwischen mit 1742 absolut feststeht, um mindestens 10 Jahre überlebt. R. Vannes berichtet über eine Violine des Francesco Goffriller, die einen Zettel vom Jahr 1752 trug (sie wurde 1928 für £ 125.- verkauft). Dadurch sind die Angaben der meisten Forscher, die Francesco Goffriller nur bis 1740 tätig sein lassen, als überholt anzusehen. Ob die Annahme W. Hammas, Francesco habe bis 1760 gearbeitet, sich halten läßt, bleibt abzuwarten. Immerhin hat W. Hamma eine sehr schöne (leider undatierte) Violine des Francesco Goffriller in seinem Buch (1964) abgebildet (Abb. 19).

Rechnen wir, um den Daten des Francesco auf die Spur zu kommen, noch einmal nach:

Matteo wurde 73 Jahre alt; da er indessen die letzten 7 Jahre krank und arbeitsunfähig war, kann Francesco wesentlich älter geworden sein als Matteo. Wäre er 10 Jahre jünger gewesen als Matteo, und damit 1676 geboren, wäre er im Jahr 1760 bereits 84 Jahre alt gewesen. Hat Francesco wirklich um 1760 noch gelebt, so war er sicher rund 10 Jahre jünger als Matteo.

Der tatsächliche Altersunterschied zwischen den beiden Brüdern ist auch deshalb so wichtig, weil es um die Frage geht, wer den Francesco geschult hat. Je größer der Altersunterschied zwischen den beiden war, umso wahrscheinlicher wird es, daß Francesco seine ganze Lehre bei dem älteren Bruder durchlaufen hat, der ihn wohl gleich in seine Werkstatt, die er um 1690 in Venedig eröffnete, aufgenommen hat. Es würde auch zum Arbeitsstil des Francesco passen, daß er keinen anderen, vor allem keinen Cremoneser Lehrer hatte und in seinem Bruder Matteo den maßgeblichen Spiritus rector der Werkstatt anerkannte, ihm nacheiferte und dessen Tradition bei seiner Mitarbeit wahrte.

Die Angaben in der Literatur über Francesco Goffriller sind recht dürftig, z.T. widersprechend.

Die in die Jahre 1690 — 1740 angesetzte Arbeitszeit (v. Lütgendorff, Fuchs-Möckel, Niederheitmann u.a.) muß später beendet werden, d.h. nach 1752. Die Beurteilung seiner Arbeit schwankt in großer Breite.

Vidal hatte in seinem berühmten Geigenbuch in der Auflage von 1876 die beiden Brüder Matteo und Francesco Goffriller als gute venezianische Meister bezeichnet und ihre Arbeitszeit von 1720 — 1740 angesetzt; in der Auflage von 1889 hat Vidal die Arbeitszeit der beiden Goffriller in die Jahre 1690 — 1730 verlegt.

Bemerkenswert geringschätzig ist die Einstufung, die ein lange vergessener Autor, Herrmann Starcke, im Jahr 1884 den beiden — allerdings einander völlig gleichgestellten — Brüdern zukommen läßt: „Die Instrumente, welche sie bauten und denen man öfter begegnet, sind im Vergleich zu der damals dominierenden Meisterschaft der Lautenmacherkunst nicht viel wert. Ihr Ton ist klein, wenig umfangreich, sie sind ordinär und mit wenig Sorgfalt lackiert, das Holz läßt zu wünschen übrig" (S. 63). Dagegen urteilt G. de Piccolellis (1885) folgendermaßen (in wörtlicher Übersetzung): „Francesco Goffriller, sein Bruder, war sein intelligenter Mitarbeiter; da er aber nur selten einen Zettel in die wenigen Instrumente, die er baute, geklebt hat, ist er heutzutage beinahe unbekannt. Die Gerechtigkeit verlangt, diese hochbedeutenden Venezianer unter die angesehensten Meister einzureihen" (p. 38).

Lütgendorff äußert sich in der 1. Auflage seines berühmten Geigenbuches nur sehr kurz über Francesco Goffriller; etwas ausführlicher ist in der 5./6. Auflage (1922) zu lesen: „Sein (= Matteos) Bruder Francesco scheint sich hauptsächlich als sein Gehilfe bewährt zu haben und war gewiß ein sehr geschickter Geigenmacher." Und weiter: „... da er meistens für seinen Bruder arbeitete, ist es schwer, über seine Leistungen ein endgültiges Urteil abzugeben, aber man darf als sicher voraussetzen, daß Matteo Goffriller nur einen sehr tüchtigen Künstler als Mitarbeiter brauchen konnte" (S. 57 und 61).

Ernest Doring hat in seinen Aufsätzen über Matteo Goffriller in „Violins & Violinists" 1949/50 zwar alles damals Bekannte über Matteo zusammengetragen, aber die Rolle des Francesco kaum aufgehellt. Im allgemeinen gelten die von Francesco gearbeiteten Violinen als „etwas schwerer und haben nicht ganz deren (Matteos) Eleganz" (Walter Hamma 1964); ist „un peu inférieure" (R. Vannes, 1951). Lütgendorff (1904) sagte, daß von Francesco Goffriller gebaute Geigen „sehr selten, die wenigen aber sehr gut sind", wobei er noch den gelbbraunen Lack besonders hervorhebt.

Außer der bereits erwähnten Abbildung einer Violine bei W. Hamma (Abb. 19) gibt es, soweit wir das Schrifttum überblicken können, nur einen ausführlichen und richtig wertenden Beitrag. Die angesehene Geigenzeitschrift THE

20. Violine von Francesco Goffriller
Venedig, ca. 1730
aus: THE STRAD 80, p. 346-347

74

21. Violine von Francesco Goffriller
    Venedig, ca. 1730 - 40 (FS 94)
    Corpuslänge   35,75
    Breiten   26,3 — 11,0 — 20,2
    Zargen   3,0 — 2,9 — 2,9
    Mensur   18,85
    Decke geteilt, Boden ganz, Orig. Hals
    Lack rotbraun, Boden heller
    ff lang, breite Einlagen,
    einige Deckenrisse und Stimmriß

STRAD veröffentlichte in dem 80. Jahrgang ihres nunmehr 95jährigen Bestehens einen Aufsatz mit der Abbildung einer sehr schönen Violine des Francesco Goffriller, die noch heute einen Zettel von Joseph Guarnerius, Fil Andreae vom Jahr 1698 trägt. Lange Jahre wurde diese Violine von Spielern, Kennern und Händlern für eine Joseph Guarnerius gehalten. Der jetzige Besitzer legte die Violine Rembert Wurlitzer zur Begutachtung vor, der in seinem Certifikat eine Arbeit des Francesco Goffriller attestierte. (Abb. 20).

Betrachtet man die beiden Violinen, die von Francesco Goffriller im bisherigen Schrifttum nachweisbar sind, so bestätigt sich wohl das bisher festzustellende differenzierende Urteil. Der geteilte Boden der in THE STRAD abgebildeten Violine ist zwar von einer bemerkenswerten Schönheit der schmal bis breiten, parallelen Flammen; auch die Decke ist von schönstem Holz und akkurater Arbeit. Indessen ist der Umriß wesentlich ungraziöser, Ober- und Unterteil sind nicht ebenmäßig gerundet, sondern mehr kantig; das zeigt sich in der in THE STRAD abgebildeten Violine (Abb. 20) noch deutlicher als bei derjenigen von W. Hamma in Abb. 19 wiedergegebenen. Francescos ff-Löcher sind lang, steil, schlank und weichen von denjenigen Matteos ab; die Schnecke ist in ihren Windungen konzentrisch gerundet und weist weniger auf M. Goffriller als auf Santo Serafin oder Pietro II. Guarneri hin. Der Wirbelkasten ist freilich stark rückwärtsgebeugt, so daß die eigentliche Schnecke einen starken „Vorbau" erhält.

Diesen graduellen Unterschied lassen auch die beiden Instrumente erkennen, die bislang der Öffentlichkeit nicht bekannt sind: eine Violine und ein Violoncello von Francesco Goffriller, beide wohl aus seiner mittleren Schaffensperiode. Beide Instrumente zeigen die wesentlichen Merkmale der Goffriller-Werkstatt: die Unterschiede liegen in gewissen stilistischen Abweichungen, aber auch in der dem Matteo nicht ebenbürtigen Meisterschaft (Abb. 21 und Abb. 22). Beide Instrumente verraten den induzierenden Einfluß des Bruders, sie sind insofern eigenständig (man betrachte vor allem die „kantigen" Umrißlinien und die runde Schnecke), als die geringe Eleganz eine starke Ursprünglichkeit verrät, die sich einerseits offenbar zu behaupten, andererseits aber auch der Überlegenheit des Bruders den schuldigen Tribut abzustatten weiß.

An einer jahrzehntelangen Werkstattgemeinschaft der beiden Goffriller kann also nicht der geringste Zweifel sein. Matteo war nicht nur der ältere, sondern der absolut führende, Francesco der ebenfalls an dieses schöne Handwerk hingeborene, sich anpassende, aber doch mit einer elementaren Kraft ausgerüstete jüngere Bruder. Er stellte seine Arbeit durchgehend in den Dienst von Matteo, und darin ging sie über weite Strecken, sich mit der des Matteo amalgamierend, auf. Wenn sich Francesco selber artikulieren und seine eigene Note betonen wollte, wird die handwerkliche und künstlerische Distanz zum älteren Bruder erkennbar.

Die Frage ist nicht so sehr, wann diese Werkstattgemeinschaft begonnen, sondern wann sie geendet hat. Die Zusammenarbeit hörte mit der schweren Krankheit des Matteo im Jahr 1735 auf; möglicherweise hat Francesco bei dem kranken und arbeitsunfähigen Bruder ausgeharrt und ein völliges Erlöschen

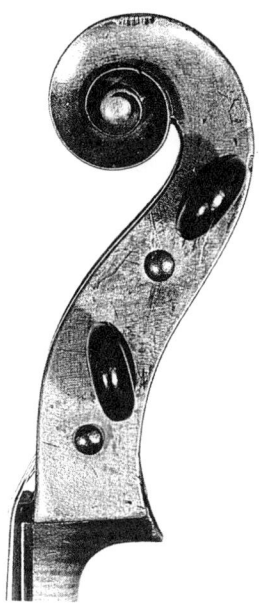

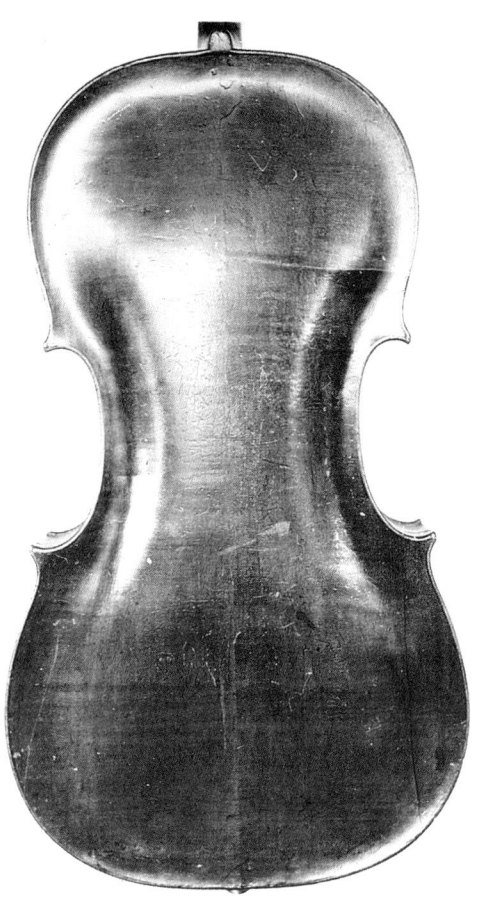

22. Violoncello
von Francesco Goffriller
Venedig, ca. 1730 - 40

der Werkstatt zu verhindern versucht. Bei der ungeheuren Arbeitskraft, die dem Matteo in gesunden Tagen eigen war, dürfte das dem Francesco nur schwer gelungen sein; möglicherweise ging ihm, nach Aufhören des brüderlichen Impetus und beim Anblick seiner Gebresten, die Arbeit nicht mehr zügig von der Hand. Ist er bis zu dessen Tod beim Bruder geblieben, konnte Francesco eine Verarmung der Familie jedenfalls nicht verhindern. Vielleicht aber ist er, von der Krankheit des Bruders verstört, noch vor dessen Tod nach Udine gezogen. Daß er dort, mindestens bis 1752, wahrscheinlich noch einige Jahre länger, Geigen gebaut hat, ist belegt.

Der älteste von Matteo Goffriller bekannte Zettel trägt das Datum 1691; Lütgendorff hat ihn 1904 erstmals abgebildet. Aber dieses Jahr war sicher nicht der Beginn der Arbeitszeit Goffrillers. Wir wissen heute, daß er in seiner Frühzeit überhaupt keine Zettel benutzt hat. Ein erheblicher Teil seiner Instrumente blieb unbezettelt; viele erhielten im Lauf der Jahrhunderte Zettel auf die Namen der Guarneri, Bergonzi und Stradivari. Übrigens ist bemerkenswert, daß der späteste bekannte M. Goffriller-Zettel vom Jahr 1734 stammt; das könnte die Vermutung Pauls bestätigen, daß Goffriller die letzten 7 Jahre seines Lebens nicht mehr gearbeitet hat.

Alle Kenner betonen die Schulung Matteo Goffrillers in Cremona, wobei der Akzent abwechselnd auf Amati, Bergonzi, Stradivari oder Guarneri gelegt wird. Verbürgte Daten über die Lehre M. Goffrillers gib es nicht; man muß seine Cremoneser Lehrzeit, ebenso wie die starken Einflüsse, die Jacobus Stainer auf ihn ausgeübt hat, dem jeweils verschiedenen Stil seiner Instrumente entnehmen. Goffrillers „Tiroler" Prägung ist eingebunden in klassische Vorbilder aus Cremona; so ungestüm sich mitunter auch sein Naturell durchsetzte, so unverkennbar bleibt seine Hand von norditalienischen Meistern (mit)geschult.

Wo biographische Daten fehlen, können nur Stilvergleiche weiterführen. Es ist nicht uninteressant, frühe Instrumente von Goffriller und Stradivari nebeneinander zu sehen. Antonio Stradivari, der ja nicht — wie unverständlicherweise immer noch zu lesen ist — im Jahr 1644, sondern 1648/49 geboren wurde, war nur 17 oder 18 Jahre älter als Matteo Goffriller. Da A. Stradivari eine sehr lange Anlaufzeit hatte, ist es gar nicht so abwegig, eine frühe Violine von Goffriller mit einer etwa gleich alten von A. Stradivari zu vergleichen. Trotz aller deutlichen Unterschiede ist beiden Meistern eines gemeinsam: Sie experimentieren, indem sie versuchen, das bis dahin maßgebliche Modell von Nicola Amati stilistisch und tonlich weiterzuentwickeln. Dabei gingen beide — in gleicher Weise am großen Modell festhaltend — von ähnlichen, teilweise sogar übereinstimmenden Überlegungen aus, was die Ausformung der Modelle, der Wölbung, der Holzstärken usw. betrifft.

Vergleicht man eine frühe Violine M. Goffrillers die in den Jahren 1685 – 1688 entstanden sein muß (Abb. 23) mit einer nahezu gleichzeitigen, nämlich im Jahr 1684 gebauten Violine von A. Stradivari (Abb. 24), so werden große Analogien der Gesamtkomposition deutlich. Es handelt sich jeweils um ein langgestrecktes Modell, um lange ziemlich senkrecht stehende ff-Löcher, mächtige, ja wuchtige Schnecken und ein dunkles Lackbild. Gegenüber dieser

23. Violine von Matteo Goffriller Venedig, ca. 1685 - 88
    Corpuslänge   35,55   Zargen   3,1 — 3,15 — 3,2
    Breiten   16,45   11,3 — 20,15   Mensur   19,5
    Decke und Boden geteilt, Lack gelb-rotgelb, Boden mehr gelb

Ähnlichkeit fallen die Eigenschaften Goffrillers weniger auf. Sie bestehen, schematisch formuliert, in folgenden Unterschieden gegenüber A. Stradivari:

Das Patron, das gewisse Analogien zum Allongé-Modell von A. Stradivari hat, unterscheidet sich von letzterem vor allem dadurch, daß das Unterteil kürzer ist als das Oberteil. Dadurch erscheint die Mitte (von C zu C) breiter, vor allem auch deshalb, weil die C-Bügel langgestreckt sind. Zu diesem Eindruck tragen auch die ff-Löcher bei, die mit den langen C-Bügeln sehr gut harmonieren. Sie sind aufrecht, wohlgeformt, vielleicht noch etwas langgestreckter als bei Stradivari, aber nicht so ebenmäßig. Die Schnecke ist bei Goffriller noch wuchtiger, ausladender; sie zeigt gegenüber der konzentrischen Genauigkeit der Windungen, die bei Stradivari schon fast zu vollendet ist (O. v. Schulmann), das starke und männliche Selbstbewußtsein eines souveränen Machers.

Diese beschriebenen Merkmale und Besonderheiten genügen, um Goffrillers Instrumenten eine robuste und imposante, insgesamt nahezu unverkennbare Gestalt zu verleihen. Dazu trägt auch bei, daß die kraftvolle Schnecke im Schwung des Wirbelkastens vor dem Übergang in die Schnecke weit nach rückwärts ausholt, sich dadurch gleichsam noch einmal Raum und Respekt verschaffend. Auf diese Besonderheit wird in der späteren Einzelbeschreibung hingewiesen werden.

Zu einer möglichen Verwechslung, wenn nicht gar Gleichstellung Goffrillers mit Stradivari trägt zum guten Teil auch die Makellosigkeit der Arbeit des Matteo Goffriller bei. Es mag ihm zum Unterschied von A. Stradivari die absolute Symmetrie und die unfehlbare Seitengleichheit der Umrisse fehlen, aber die Ausführung der Arbeit im Ganzen wie im Detail ist makellos. Die herausragende Qualität der Arbeit betrifft sowohl die Führung der Einlagen als auch den Schnitt der ff-Löcher und der Schnecke oder auch das bloße Zusammenfugen zweier Hälften. Kaum ein anderer Meister (vielleicht noch Joseph Guarnerius del Gesù, Santo Serafin und J. B. Guadagnini) hat so unsichtbar gefugt, hat so geschickt Seitenteile an Decke und Boden angesetzt, hat eine solche Ökonomie des Tonholzes betrieben; Goffrillers souveräne Meisterschaft vermochte es, materialbedingte Stückelungen untadelig, ja sogar ästhetisch schön durchzuführen. Mitunter sind seine Fugen kaum zu finden, vor allem dann, wenn er sie durch raffinierte Angleichungen, ja Tarnung mit Hilfe der Holzmaserung überspielen konnte.

Neben A. Stradivari wird immer wieder Carlo Bergonzi als möglicher Anreger (wenn nicht Lehrer) Matteo Goffrillers genannt. Wenn auch manche seiner Instrumente später einen Bergonzi-Zettel bekamen, so sind gewisse Analogien Goffrillers mit Bergonzi wohl anders zu erklären. Carlo Bergonzi war

24. Violine von Antonio Stradivari, Cremona 1684 (FS 56)
    Corpuslänge   35,75
    Breiten   16,45 — 11,0 — 20,05
    Zargen   2,95 — 2,85 — 3,0
    Mensur   19,5
    Boden ganz, Lack goldgelb

17 Jahre jünger als Matteo Goffriller; aber Carlo Bergonzi hat lange Jahre mit Andrea und Joseph Guarneri zusammengearbeitet. Andreas Guarnerius war 40 Jahre älter als Goffriller und er hat in seiner Werkstatt noch in den neunziger Jahren maßgeblich mitgearbeitet (er starb 1698). Eine Verbindung M. Goffrillers mit der Guarneri-Werkstatt ist aber mindestens so wahrscheinlich wie mit derjenigen Stradivaris. Nicht nur gewisse Übereinstimmungen mit Bergonzi erinnern daran. Abb. 25 zeigt eine Viola des Andrea Guarnerius mit Faksimile-Zettel vom Jahr 1690. Alle Expertisen stimmen darin überein, daß dieses Instrument nicht ausschließlich von A. Guarnerius stammt, sondern deutliche Züge der Werkstatt trägt. Die kurzen und schräg gestellten ff-Löcher sind undenkbar bei A. Guarneri; ähnliche kommen indessen bei Matteo Goffriller vor (Abb. 31, 33). Noch deutlicher weist eines der Atteste darauf hin, daß die Schnecke keineswegs mit der Hand des Meisters vereinbar sei. Sie zeigt, ohne daß es im Certifikat ausdrücklich betont wird, in der ganzen Anlage, im weit zurückgebeugten Wirbelkasten, in der sich andererseits stark nach vorne streckenden und überaus wuchtigen Schnecke eine Ausführung, die sich zwanglos mit der Arbeit des Matteo Goffriller erklären ließe.

Diese Form der mächtigen, weit nach rückwärts ausholenden Schnecke kommt bei Goffriller so häufig vor, daß man sie als eines der kennzeichnendsten Attribute dieses Meisters ansehen darf (Abb. 23, 29-33, 41, 43).

Selbst in seiner Spätzeit ist sie zu finden (Violine von 1728 bei Fridolin Hamma Abb. 69 S. 137). Drei aus einem Zeitraum von gut 40 Jahren ausgewählte Schnecken sind in Abb. 26 nebeneinander gestellt.

Diese hier ausführlich dargestellte Analogie gewisser Merkmale der Arbeit Goffrillers mit der Guarneri-Werkstatt betrifft auch noch andere große Cremoneser Meister, wie weitere Beispiele zeigen sollen.

Der berühmte Violoncellist August Theodor Müller, Mitglied des namhaften Streichquartetts der vier Brüder Müller (die etwa in der Zeit von 1830 – 1850 in ihrem künstlerischen Zenit standen) besaß ein Antonio Stradivari zugeschriebenes Violoncello. Als es der Experte, Erich Lachmann, als eine Arbeit des Matteo Goffriller „entlarvte", gab es August Theodor Müller für ein Violoncello von Joannes Baptista Guadagnini hin. Bemerkenswert bleibt dabei, daß die Änderung der Zuweisung offenbar den sofortigen Verlust der bislang hohen tonlichen Einschätzung des Instruments zur Folge hatte.

Fast noch bezeichnender ist das zweite Beispiel. Baillot, der stolz auf eine der angeblich schönsten Stradivari-Violinen war, ließ sich von seiner Einschätzung auch dann noch nicht abbringen, als die Experten Gand und Bernardel seine Violine erst C. Bergonzi, und dann die Hills sie endgültig Matteo Goffriller zuordneten. Sein Instrument blieb zeitlebens für ihn die Baillot-„Strad".

25. Viola mit Zettel: von Andrea Guarneri, 1690
Die ff-Löcher, und noch mehr die Schnecke
zeigen die abweichende Arbeit eines Werk-
stattangehörigen. Diese ließen sich mit der
Hand M. Goffrillers stilistisch überzeugend
erklären.

Das dritte Beispiel: Das Violoncello der Lutyens-Collection wurde von einem früheren Besitzer lange für eine Arbeit des A. Stradivari gehalten. Nicht nur das Modell war ganz dasjenige des A. Stradivari, sondern auch der Lack war mehr demjenigen Cremonas als dem M. Goffrillers ähnlich. Die definitive Zuweisung an M. Goffriller (auf die wir noch einmal zurückkommen werden) erfolgte offenbar mehr aus Gründen der verschiednenen Tonqualität (THE STRAD *34*, p. 432 f [1924]).

Zum Schluß ein viertes Beispiel: Das in THE STRAD *83*, 114 f (July 1972) besprochene und abgebildete Violoncello vom Jahr 1700 wurde lange für eine Arbeit des Carlo Bergonzi gehalten. Für eine solche Zuordnung sprachen u.a. die runde, klassische Schnecke und das gesamte „cremonesische" Patron (Abb. 27).

Die Umrisse der bei Matteo Goffriller anzutreffenden Instrumente sind durchaus verschieden, sie wechseln gleichsam von Instrument zu Instrument.

26. Schnecken von 3 Violinen
des Matteo Goffriller
Violine von 1685 (aus Abb. 23)
Violine vor 1700
Violine von 1728
(Fr. Hamma, Nr. 69, S. 137)

27. Violoncello von Matteo Goffriller, 1700
   (lange als Arbeit des Carlo Bergonzi betrachtet)
   aus: THE STRAD 83, p. 114

86

Wenn K. Jalovec (Die schönsten italienischen Geigen, Hanau 1963) feststellt, daß Matteo Goffriller „den Tiroler Typ" nach Venedig gebracht und sich später Antonio Stradivari „zum Muster genommen" habe, und wenn er ferner glaubt, daß man Goffrillers rote Violinen durch die kurzen ff-Löcher „leicht" von Carlo Bergonzi unterscheiden könne, so sind in diesen Aussagen nahezu alle Bezugssysteme falsch. Es stimmt weder die Reihenfolge „Tirol" und „Stradivari", noch die Regel der „kurzen" ff-Löcher. Auch andere Experten haben Goffriller diese kurzen ff-Löcher zugeschrieben, die bei ihm durchaus die Ausnahme und nicht die Regel sind.

Dennoch wird man versuchen müssen, die vielen Abweichungen auf ihnen zugrunde liegende „Urmuster" zurückzuführen. Seiner Ausbildung und seinen Vorbildern nach war M. Goffriller zwei Modellen zugeneigt, die er selten als Normprinzip ausbildete, sondern in immer neuen Variationen untereinander mischte. Überspitzt, und bei aller Vorsicht formuliert, könnte man die beiden Modelle folgendermaßen beschreiben:

Ein großes und breites, bei dem die C-Bügel deutlich betont und deutlich gegen Ober- und Unterteil eingezogen sind, wodurch sehr spitze und griffige Ecken entstehen, zeigt gewisse Analogien zu Cremona. Er scheint dieses Modell um 1700 ausgebildet und überwiegend in seiner „mittleren" Periode, bis etwa 1715, bevorzugt zu haben. Starre Regeln gibt es hier indessen nicht, denn diese an Cremona gemahnende Form kann auch noch später vorkommen, so etwa bei dem von Fridolin Hamma abgebildeten Violoncello vom Jahr 1732 (Abb. 78, S. 141). Umgekehrt kommt auch in dieser mittleren Periode das andere Modell vor, das schlanker, in der Hüfte schmaler und mehr von den Einflüssen Stainers geprägt ist, (z.B. die Violine vom Jahr 1707, die K. Jalovec in seinem Buch „Italienische Geigenbauer" in Abb. 119 (Foto der Kollektion Hamma) gezeigt hat.

Dieses zweite Modell (wobei hier das „zweite" nicht in streng zeitlicher Reihenfolge zu verstehen ist), das mehr den von J. Stainer beeinflußten Matteo Goffriller zeigt, scheint bevorzugt in der sehr frühen und andererseits wieder in der späten Arbeitsperiode des Matteo Goffriller vorzukommen. Eine frühe Violine dieses Patrons von 1693 (leider nur den Boden) zeigt Lütgendorff (1922) in Tafel 15, die der frühen etwa 1685 — 88 entstandenen (Abb. 23) sehr stark ähnelt.

Diese Unterscheidung ist, wie noch einmal betont sein mag, ein cum grano salis zu verstehender Versuch, bei dem immer wieder mit Ausnahmen zu rechnen ist. Bei der zeitlichen Einschätzung eines Instrumentes von Matteo Goffriller wird man diesem Umstand Rechnung tragen müssen. Mitunter ist

28. Violoncello
   von Matteo Goffriller
   aus: THE STRAD 34, p. 419

seine Arbeit besser aus der Form der Schnecke und dem Schnitt und der Gestalt der ff-Löcher, als aus dem Patron abzuleiten.

Die vom weit zurückgelehnten Wirbelkasten weit nach vorn sich vorbeugende, dabei wuchtige und in mehr queroValen Windungen verlaufende Schnecke ist in seiner frühsten Zeit besonders ausgeprägt, findet sich aber, wie in zahlreichen Abbildungen gezeigt wurde, auch später immer wieder. Die anfänglich mehr queroval laufenden Windungen der Schnecke werden später mehr konzentrisch, also der Form von Stradivari angenähert; vergl. die Abbildungen 31, 37, 41, VIII, IX.

Mitunter wird die 2. (und 3.) Windung der Schnecke ziemlich eng geführt und ist in der Höhe schmal (Abb. 38, 41); dennoch liegt auch hier das Gewicht mehr in der Waagrechten als in der Senkrechten (siehe Abb. 31); hier sind die Windungen zwar ziemlich kräftig, aber doch ins Querovale gezogen.

Auffallend ist auch der feste schwere untere Teil des Wirbelkastens, der sich auch bei der von W. Hamma auf S. 296 abgebildeten Violine findet.

Die Wirbelkästen Matteo Goffrillers haben, vor allem bei den Violoncelli, mitunter eine weitere, nahezu typische Besonderheit: Sie verjüngen sich vom Sattel des Griffbretts bis zum oberen Ende der Grube stärker als bei jedem anderen Macher. Dieses Merkmal zeigt das Violoncello der Abb. 29/30, ferner in besonderem Maße die frühen Violoncelli der Abb. VII und IX. Letzteres weist auch noch weitere Besonderheiten des Matteo Goffriller in klassischer Weise auf: das kunstvolle Fugen und damit den äußerst ökonomischen Umgang mit dem Holz (die Decke besteht aus 4 Teilen), die stark zurückgebeugte Schnekke und den typischen braunen Lack, der indessen — wie fast immer — einen Stich ins Rötliche hat.

Fast noch schwieriger ist es mit Form, Stellung und Schnitt der ff-Löcher. Die ihm immer wieder zugeschriebenen kurzen ff-Löcher, die auf die Guarneri-Schule hinweisen, scheint er nur in seiner frühen Zeit verwendet zu haben, bis etwa 1705. In dieser Zeit laufen die ff-Löcher in breit geschweifte Klappen aus (Abb. 34), Viola vom Jahr 1699, oder bei der von W. Hamma abgebildeten Violine auf S. 294), oder wie auf dem sehr frühen 3/4 Violoncello (Abb. 27) und dem etwas späteren (Abb. 28).

Dabei stehen sie meistens recht steil (Abb. 23, 38-41, 43). Doch auch davon gibt es Ausnahmen: die ff-Löcher können ungewöhnlich schräg stehen, wie bei kaum einem anderen Meister (Abb. 31, 33, 34), auch kommen zierlich geschnittene, fast überlange ff-Löcher vor (Abb. 23, 31, 35, 41). In der späteren Zeit scheinen die ff-Löcher eine gewisse konstante Form hinsichtlich Länge, Steilheit und Schwung der Ober- und Unterklappe anzunehmen (Abb. 31, 32, 36-40, 43, VIII).

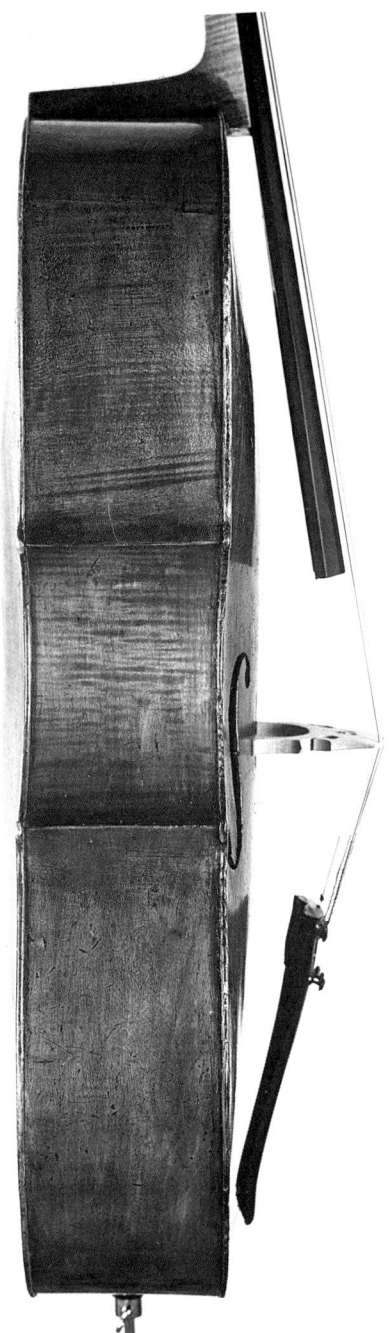

29. Violoncello von Matteo Goffriller (frühe Periode) (FS 80)
    Corpuslänge   74,45   Zargen   11,5 — 11,5 — 11,6
    Breiten   35,0 — 23,8 — 42,65   Mensur   39,5
    Decke geteilt, Boden aus 4 (etwa gleichbreiten) Teilen
    Wirbelkasten am oberen Ende sehr eng, Lack rotbraun

Ein Wort ist noch über die Violoncelli des Matteo Goffriller zu sagen. Es ist seit langem bekannt, daß sie eine Vorrangstellung einnehmen und vielleicht noch mehr als die Violinen zu Zuschreibungen an große Cremoneser Meister geführt haben. Im folgenden können drei der Öffentlichkeit bislang unbekannte Violoncelli vorgestellt werden, von denen vor allem das erste in vielen Bezügen völlig aus dem Rahmen fällt.

Es handelt sich dabei um ein 3/4-Instrument mit einer geradezu ins Auge springenden Ursprünglichkeit, was Patron, Schnitt und Kaliber der Schnecke und die ungewöhnlich großen ff-Löcher anbelangt. Die betonten und stark nach innen ausgeschweiften C-Bügel, die den Mittelbügel ungewöhnlich schmal machen, die nur gezeichneten und mitunter verwischten und nicht mehr erkennbaren Einlagen und die verschiedentlich in dem knorrigen Ahornboden feststellbaren „Dellen" verraten ebenso Genialität wie Ungestüm. Fast ist man versucht, dieses wohl nicht für einen erwachsenen Spieler bestimmte Instrument als eine mit Elan gefertigte Probearbeit anzusehen; aber für eine solche ist es doch zu vollkommen.

Daß es indessen eine sehr frühe Arbeit ist, kann wohl nicht bezweifelt werden, sie ist wohl nicht vor 1690 anzusetzen (Farbtafel VII).

Etwas später, aber noch vor 1700, ist das zweite Violoncello anzusetzen (Abb. 29/30); es ist, wie das erste, etwas „bullig", in der Schnecke jedoch runder und gefälliger ausgearbeitet, ohne daß die Handschrift des Matteo Goffriller dabei verloren gegangen wäre.

Beim dritten Violoncello, das M. Goffrillers später Periode angehört, ist ein Teil der Backen des Wirbelkastens leider ersetzt worden. Die wohlerhaltene Schnecke zeigt eine für die spätere Zeit gemäßigte Form mit weitgehend konzentrischen Windungen; in diesem Zusammenhang darf darauf hingewiesen werden, daß Schnecken und ff-Löcher bei den Violoncelli M. Goffrillers viel schwerer zu beurteilen sind und deren Einordnung in die richtigen Perioden überaus schwer fällt. Besonders schön an diesem Instrument ist der dunkelrote Lack (Farbtafel IX). Auch Pablo Casals scheint ein Instrument des späten Goffriller gespielt zu haben.

Fraglos hat Matteo Goffriller, wie Experten (Horst Grünert, Georg Hörtnagel u.a.) bestätigen, auch Contrabässe gebaut. Im folgenden soll ein Instrument abgebildet werden, das mit allergrößter Wahrscheinlichkeit — wenn auch nicht mit letzter Sicherheit — dem Matteo Goffriller zugeordnet werden kann. Über seine Provenienz aus Venedig bestand nie ein Zweifel. Die sorgfältige Untersuchung der einzelnen Stilmerkmale hat ergeben, daß kaum eine andere Bestimmung möglich ist: d.h., es scheiden alle anderen großen Meister Venedigs aus zeitlichen und stilistischen Gründen aus. Per exclusionem kom-

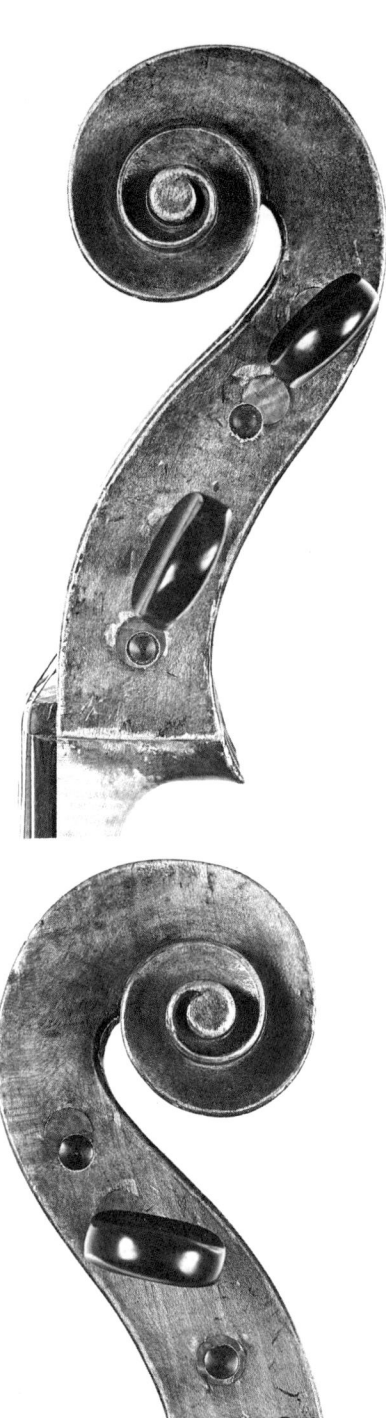

30. Violoncello von Matteo Goffriller, frühe Periode
    Details von Abb. 29

men also nicht in Frage: Gobetti, Santo Serafin und Tononi, ja selbst nicht Montagnana; für Michele Deconet ist der Baß mindestens ein halbes Jahrhundert zu alt. Das vielerorts beschädigte, stark überreparierte Instrument (in klanglich hervorragenden Zustand) wirkt geradezu archaisch in Patron und Zustand. Matteo Goffriller war schließlich der erste und älteste Meister Venedigs und gerade aus seiner Frühzeit kennen wir seine knorrig-eigenwilligen Schnecken, seine gewaltigen, fast überlangen ff-Löcher und seine an Brescia erinnernden Umrisse. Kein anderer Meister hätte dieses Instrument, das zwischen 1685 und 1695 anzusiedeln ist, im ganzen Umkreis von Venedig bauen können (Abb. 42).

Bei allen hier vorgestellten und überhaupt existierenden, Matteo Goffriller zugeschriebenen Instrumenten muß, wie bereits angedeutet wurde, offen bleiben, ob und wieviel sein Bruder Francesco daran mitgearbeitet hat. Man kann sich nur schwer vorstellen, daß es ausschließlich untergeordnete Arbeiten gewesen seien, zu denen er herangezogen wurde. Wahrscheinlicher ist, daß Francesco einen viel größeren Anteil hat, vor allem deshalb, weil er offensichtlich bereit war, sich ganz der stilistischen Präponderanz des älteren Bruders anzupassen. Wie sehr Francesco seinem Bruder Matteo nahe kam, zeigen die von W. Hamma (Abb. 19) und in THE STRAD (Abb. 20) beschriebenen und abgebildeten Arbeiten. Gewisse von Matteo abweichende Züge, und einen nicht so hohen Rang verraten die beiden ebenfalls erwähnten, bislang nicht bekannten Instrumente des Francesco Goffriller, die nach der Besprechung der Eigenschaften und Stilmerkmale des älteren Bruders vielleicht nun besser eingeordnet werden können. Die Violine der Abb. 21 schiebt ebenfalls den Kopf weit nach vorne; das Violoncello der Abb. 22 wirkt, wie auch die bei W. Hamma auf S. 303 abgebildete Violine (Abb. 19), im Ober- und Unterteil etwas eckig und weist eine wenig typische Schnecke auf.

31. Violine von Matteo Goffriller, sehr früh, (FS 161)
    mit breitgelappten ff-Löchern
    Corpuslänge   35,75
    Breiten   16,2 − 10,95 − 20,35
    Zargen   3,2 − 3,2 − 3,15
    Mensur   19,5
    Decke und Boden geteilt, starke Wölbung,
    Fichtenjahre innen enger
    Lack braunschwarz
    Originalhals, Originalbalken, ganz klein

Nach allerdings vagen Hinweisen in der Literatur soll in der Werkstatt des Matteo und Francesco Goffriller auch noch ein Antonio gleichen Namens gearbeitet haben, möglicherweise ein Bruder oder ein Sohn einer der beiden. Antonio ist indessen nicht in einer Weise verbürgt, daß seine Person und sein Werk für uns greifbare Gestalt annehmen könnten. Weder Fridolin Hamma (1930), noch Walter Hamma (1964) erwähnten ihn. Lütgendorff (1904) datiert ihn in Venedig 1730 und schreibt: „Er wird zwar mehrfach erwähnt, doch gelang es mir nicht, irgend ein Instrument von ihm zu erfragen." Dennoch bringt er einen Zettel mit dem Wortlaut:

> Antonio Goffriller
> fece in Venezia 1730

R. Vannes (1951) führt ihn als italienischen Geigenbauer an, der in Venedig in der 1. Hälfte des 18. Jahrhunderts lebte, von dem aber keine Arbeiten bekannt seien.

In THE STRAD wird Antonio zweimal erwähnt. Im Jahr 1935 schreibt der (anonyme) Berichterstatter: „Es werden (außer Matteo) zwei weitere Goffrillers aufgeführt, Francesco und Antonio, deren Arbeiten wenig bekannt und deren Verwandtschaftsgrad zu Matteo fragwürdig ist" (*46*, 118, 1935). Und 1943 heißt es: „Francesco wird von manchen als ein Bruder des Matteo angesehen … Der zweite ist Antonio, der in Venedig in der 1. Hälfte des 18. Jahrhunderts arbeitete. Instrumente von Francesco und Antonio werden sehr selten angetroffen" (*53*, 222, 1943).

Diese beiden Berichte in THE STRAD differenzieren zu wenig zwischen Francesco und Antonio. Francesco ist als Bruder Matteos und als Geigenbauer von erheblichem Rang genügend ausgewiesen, wir kennen sichere Instrumente von ihm. Antonio scheint ein naher Anverwandter zu sein (damals waren die Familien groß), der möglicherweise Geigenbauer bei den Brüdern (oder bei Vater und Onkel) war, von dem aber kein Instrument auf uns gekommen ist. Lütgendorff hat leider nicht berichtet, wo ihm der Zettel Antonios vom Jahr 1730 begegnet ist. Die Möglichkeit besteht jedoch durchaus, daß in der Goffriller-Werkstatt ein Dritter dieses Namens tätig war, dessen Anteil freilich hypothetisch bzw. unabschätzbar bleiben muß.

Von dem Ausstoß her, den die Goffriller-Werkstatt gehabt hat, wären drei voll nebeneinander arbeitende Meister überaus verständlich, zumal keine Schüler oder über eine längere Zeit beschäftigten Mitarbeiter bekannt sind (es

32. Violine
    von Matteo Goffriller (vor 1700)
    FS mit 5-spänigen Einlagen
    Corpuslänge 35,65
    Breiten   16,5 — 11,65 — 20,4
    Zargen   3,0 — 3,15 — 3,2
    Mensur   19,3
    Decke und Boden geteilt
    ff steil, Corpus gewölbt
    Lack gelbbraun-rötlich
    z. T. schwarz

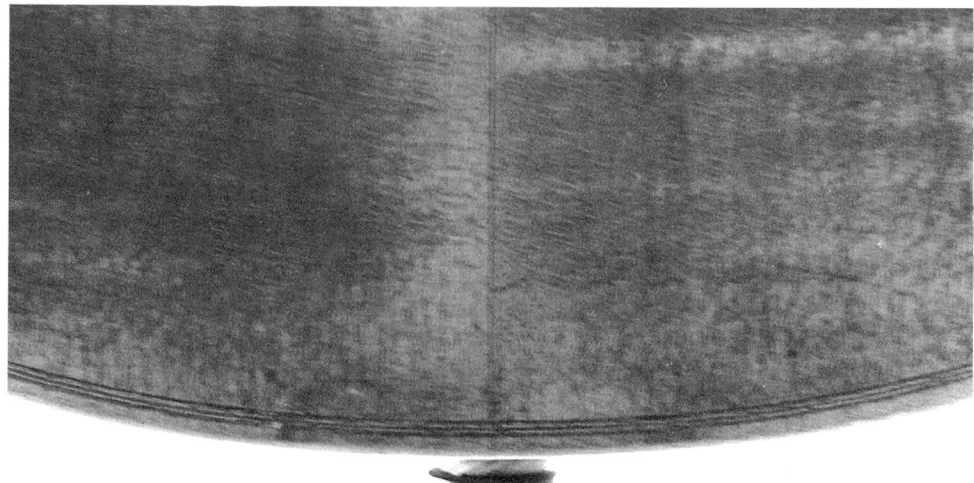

scheint in der Werkstatt des Matteo Goffriller in manchem recht ähnlich wie in der des Antonio Stradivari zugegangen zu sein). In den letzten Jahren hat es sich nämlich deutlich herausgestellt, daß die Goffriller-Werkstatt geradezu exzeptionell produktiv war. Dafür seien noch einige Anhaltspunkte geliefert.

In einem der großen Münchner Orchester werden allein drei Instrumente von Goffriller gespielt, und aus dieser Stadt (und deren weiterer Umgebung) sind dem Autor mindestens 15 Instrumente bekannt, von denen einige hier vorgestellt wurden. Fridolin Hamma handelt in seinem Buch (1930) 3 Violinen und 1 Violoncello von Matteo Goffriller, Walter Hamma (1964) 5 Violinen, 1 Viola und 1 Violoncello von Matteo und 1 Violine von Francesco Goffriller ab. Bei K. Jalovec finden sich in seinen verschiedenen Büchern insgesamt drei Instrumente (von Fridolin Hamma übernommen das Violoncello 1732 und die Violine 1721, ferner noch eine Violine vom Jahr 1728); in THE STRAD sind 3 Violoncelli von Matteo (Abb. 27 und 28) und eine Violine von Francesco Goffriller (Abb. 20) beschrieben. Arnold Sprenger bildet in seinem Venedig-Buch zwei Violinen (1702 und 1730) und ein Violoncello (1740 — 1750) ab. Im vorliegenden Buch werden insgesamt 20 Instrumente von Matteo (neu davon 17) und 4 von Francesco (neu davon 2) vorgestellt. In den großen Auktionen (Sotheby, Christie) wurden in den letzten Jahrzehnten mindestens ein Dutzend von Goffriller-Instrumenten verkauft. Somit wäre bereits ein in der Literatur nachweisbares Volumen von annähernd 70 Instrumenten erfaßt, was gegenüber der wirklichen Produktion der Goffriller-Werkstatt — die wir uns gar nicht groß genug vorstellen können — immer noch als ein verschwindend kleiner Bruchteil anzusehen ist.

Die Violoncelli des Matteo Goffriller sind nicht nur berühmt, sondern offenbar auch sehr zahlreich. Hier seien nur einige Violoncellisten erwähnt, die ein Instrument von ihm gespielt haben oder spielen: August Theodor Müller, Pablo Casals, Raya Garbousová, Dr. Adrian Vergruggher. Das Violoncello von Martin Lovett spielt heute Barbara Brauckmann, die lange Jahre Violoncellistin im Kreuzberger Streichquartett war.

Ehe wir das Kapitel über die Goffriller-Werkstatt abschließen, sei noch eines merkwürdigen, erfreulichen Umstandes gedacht. Die eingehende Wertung und Beschreibung des Tons italienischer Streichinstrumente gehört leider nicht gerade zu den Üblichkeiten der Literatur, auch wenn der Leser gerne mehr darüber erführe. Bei Matteo Goffriller findet sich dagegen eine rühmliche Ausnahme. Vielleicht deshalb, weil man bei einem bestimmten Instrument von ihm mit der bloßen handwerklich-stilistischen Beschreibung zu keiner eindeutigen Zuordnung kam. In der bereits erwähnten und berühmten Lutyens-Kollektion befand sich (zumindest vor 60 Jahren) neben dem Cristia-

33. Violine von Matteo Goffriller, vor 1700, mit Bodenstimmriß, FS VI, 8
    Corpuslänge (B) 35,2
    Breiten   16,2 — 11,0 — 20,3
    Zargen   2,8 — 2,8 — 2,85
    Mensur   20,1
    (Birgit Rötzer, Kaufbeuren — Mü)

34. Viola von Matteo Goffriller, Venedig, ca. 1699

35. Violine von Matteo Goffriller, Venedig, 1700

36. Violine von Matteo Goffriller, ca. 1700
    Wurzelboden, Schnecke nicht original
    Corpuslänge (B) 35,65
    Breiten   15,9 — 10,45 — 19,6
    Zargen   2,85 — 2,85 — 2,9
    Mensur   19,5
    (Kaufbeuren)

100

37. Violine von Matteo Goffriller
    Venedig 1701
    Corpuslänge (B) 35,1
    Breiten   16,3 − 10,5 − 20,3
    Kollektion Walter Hamma, Stuttgart

ni-Stradivari-Violoncello ein zweites, das ganz das Patron des A. Stradivari und einen nach Cremona weisenden Lack hatte. Auch dieses Instrument wurde, wie bereits erwähnt, von einem früheren Besitzer für ein A. Stradivari gehalten. Schließlich erfolgte die endgültige Zuordnung auf Grund des völlig unterschiedlichen Tons beider Instrumente. Er wird folgendermaßen beschrieben:

„Verglichen mit dem Cristiani-Strad könnte man sagen, daß der Ton [des Goffriller-Violoncellos] mehr der Art des Joseph del Gesù in seiner besten Periode ähnelt. Bezeichnet man die außergewöhnlichen [Ton] Merkmale des Stradiviari als eine samtene Weichheit und eine leuchtende Süße, so kann der Ton Goffrillers mehr trompetenhaft genannt werden. Er ist voll, reich, leicht zu erzielen, von wundervoller Qualität und ohne die nasale Beigabe, die so viele alte italienische Violoncelli an sich haben." Der Autor fährt dann fort:

„Im Gegensatz zu Stradivari scheint der Goffriller-Ton in jedem geschlossenen Raum alles herzugeben. Eine der Eigenschaften der Stradivari-Instrumente ist es, daß deren Ton dem Spieler am Ohr leise erscheint, und erst in einer großen Distanz wird er laut oder noch lauter. Bei Goffriller ist der Ton überall, und man könnte sagen, ein Goffriller-Instrument klingt ebenso gut in einem Konzertsaal wie in einem kleinen Zimmer, da es jenen klar schwingenden (ringing) Ton besitzt, der trägt. Kein Wunder also, daß ein früherer Besitzer dieses Instrument zu einer Stradivari machen wollte" (THE STRAD *34*, 432, 1924).

Dies ist die größte Hommage, die Matteo Goffriller jemals erhalten hat. Man kann nach diesem Zitat vielleicht Pablo Casals besser verstehen, der immer wieder berühmtere und vielleicht auch „feinere" Violoncelli, auch solche von Antonio Stradivari, ausschlug. Er wollte einen prompt reagierenden, sofort und überall präsenten Ton; er wollte das ganze Volumen sowohl am Ohr wie aus der Ferne kommen hören. Er nahm dafür sogar eine gewisse rustikale Robustheit in Kauf, die aber von der durchschlagenden Tongröße wettgemacht wurde. Goffrillers Instrumente sind viel zu gesund, um „Launen" zu haben. Casals wollte keine Primadonna, sondern als treuen Gefährten ein zuverlässiges und nie versagendes Werkzeug. Weiß man es richtig zu behandeln, leuchtet auch in der Robustheit die Noblesse auf.

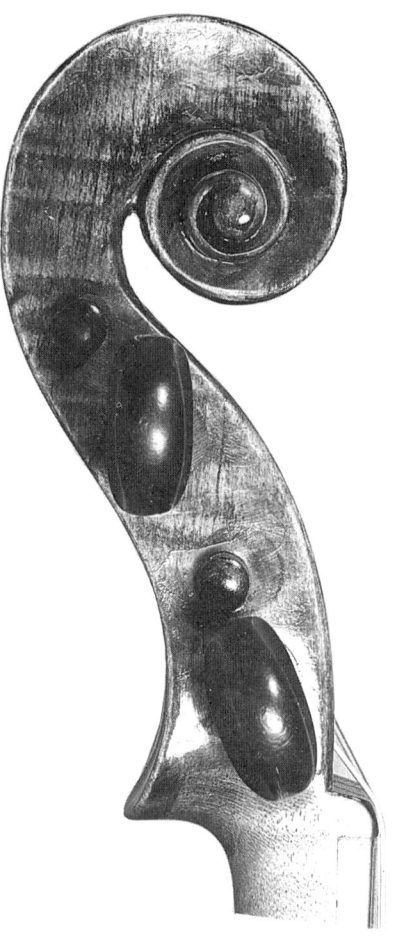

38. Violine von Matteo Goffriller, ca. 170?
FS 219, flach, dunkelbraun
Corpuslänge   35,85
Breiten   16,45 — 11,0 — 20,2
Zargen   2,9 — 3,15 — 3,0
Mensur   19,3
Decke und Boden geteilt
Teilweise Stainermodell. Schnecke un?
Wölbung nicht nach Stainer,
Instrument ziemlich flach.

39. Violine von Matteo Goffriller
Venedig, 1705
Corpuslänge (B) 35,9
Breiten   16,6 — 10,9 — 20,3
Kollektion W. Hamma, Stuttgart

40. Viola von Matteo Goffriller, 1705
    Corpuslänge   41,0
    Breiten   19,5 — 12,8 — 23,4
    Zargen   3,5 — 3,7
    Mensur   22,5   22,7
    Decke und Boden geteilt. Rotorange-bräunlich, Schnecke nach W. Hamma nicht original

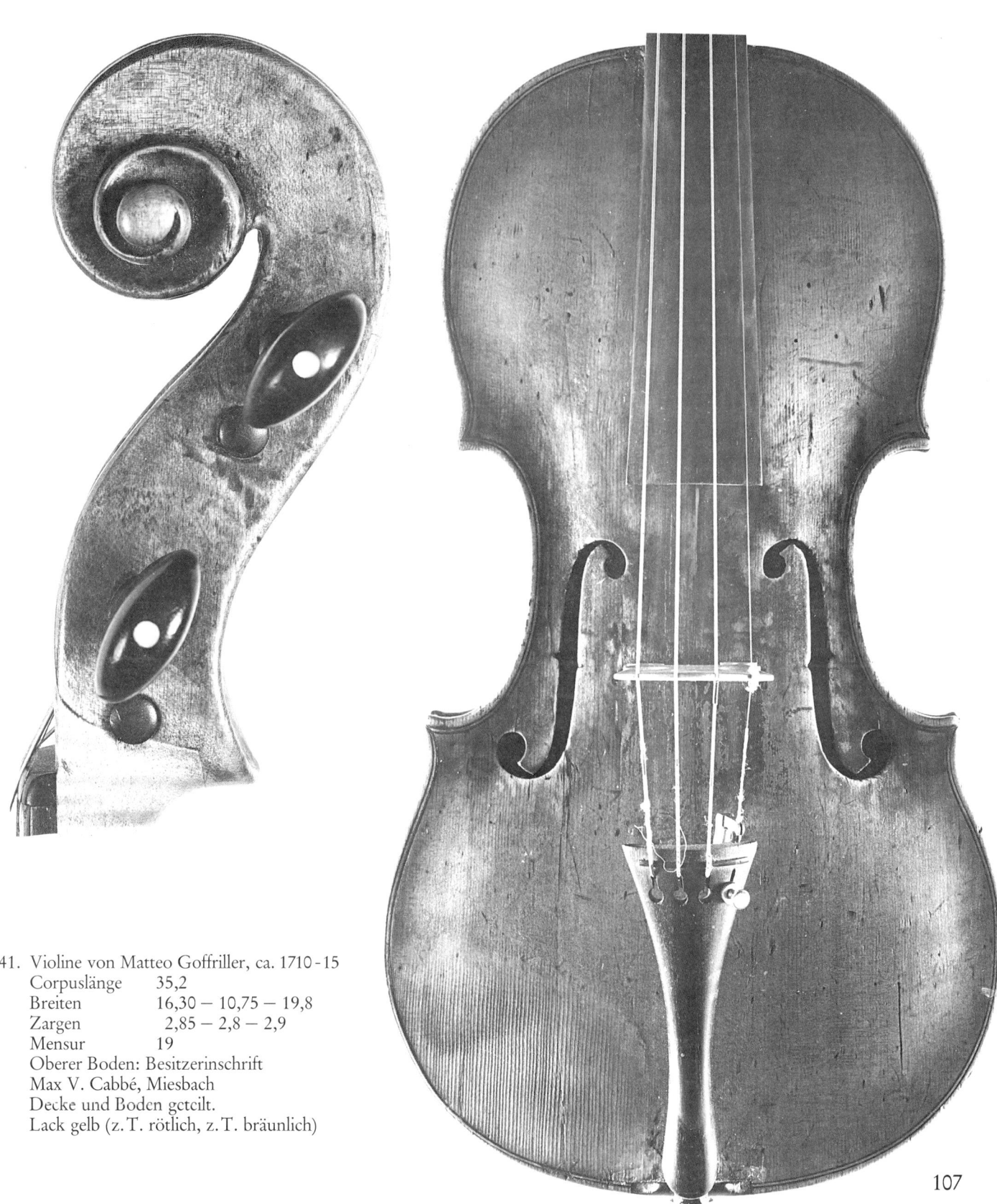

41. Violine von Matteo Goffriller, ca. 1710-15
    Corpuslänge   35,2
    Breiten   16,30 − 10,75 − 19,8
    Zargen   2,85 − 2,8 − 2,9
    Mensur   19
    Oberer Boden: Besitzerinschrift
    Max V. Cabbé, Miesbach
    Decke und Boden geteilt.
    Lack gelb (z. T. rötlich, z. T. bräunlich)

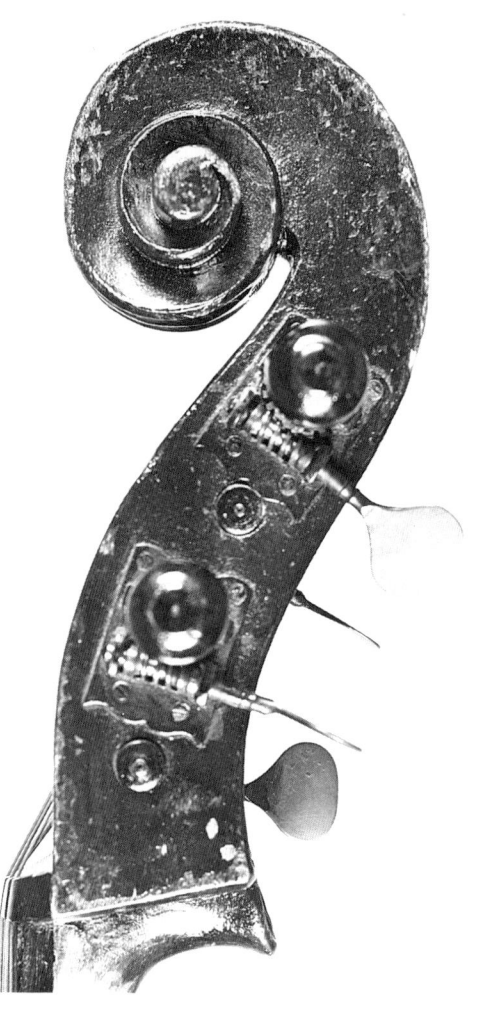
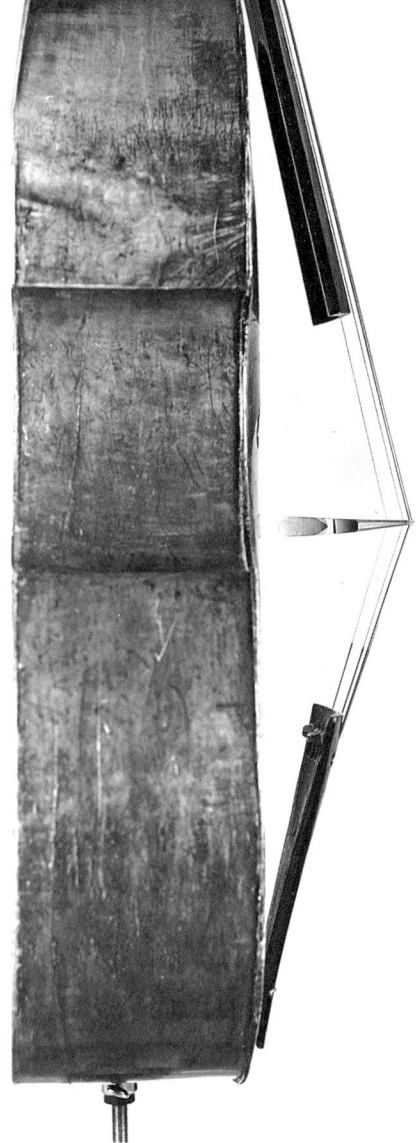

42. Contrabaß von Matteo Goffriller, (Es-Baß)
    Corpuslänge   110
    Breiten   64,0 — 37,0 — 51,8
    Zargen   20,0 — 20,2 — 20,3
    Mensur   59,3

43. Violine von Matteo Goffriller, spätestens 1705, vielleicht früher
    FK 181, mit ganzem Schwartenboden
    Corpuslänge   35,8
    Breiten   16,7 — 11,05 — 21,5
    Zargen   2,9 — 3,1 — 3,05
    Mensur   19,5
    Decke geteilt, Jahresringe nach innen enger, mittelstark gewölbt,
    Lack gelbbraunschwarz, ff nach Stainer, Hals unterlegt, Decke hoch, sehr tirolerisch

110

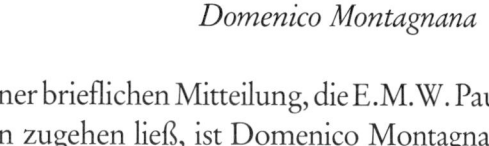

Domenico Montagnana

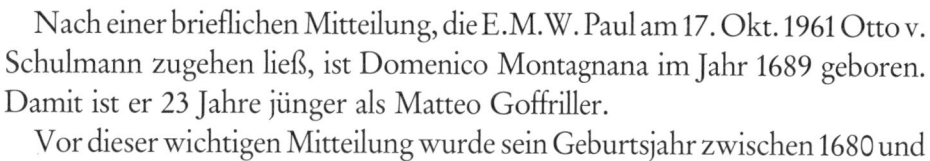

Nach einer brieflichen Mitteilung, die E.M.W. Paul am 17. Okt. 1961 Otto v. Schulmann zugehen ließ, ist Domenico Montagnana im Jahr 1689 geboren. Damit ist er 23 Jahre jünger als Matteo Goffriller.

Vor dieser wichtigen Mitteilung wurde sein Geburtsjahr zwischen 1680 und 1690 geschätzt; sein Todesjahr ist nicht in gleicher Weise sicher. Max Möller vermutet es 1750, ebenso Fridolin Hamma; Ernest Doring schätzt es auf 1740, in THE STRAD (*67, 46f. 1956*) wird das Ende seiner Arbeitszeit 1745 angenommen. Walter Hamma gibt indessen das Todesjahr — ohne die Quelle seines Wissens zu nennen — mit 1756 an.

Lange glaubte man, aus der Arbeit des Domenico Montagnana den Schluß ziehen zu dürfen, daß er nicht nur in Cremona geschult worden sei, sondern überhaupt ein gebürtiger Cremoneser sei. Er wäre dann — wie M. Goffriller — in Venedig um 1700 oder später als ein fremdgeschulter Meister eingewandert. Am entschiedensten hat Max Möller diese Theorie verfochten, und dazu Domenico Montagnana fälschlicherweise zum Begründer der venezianischen Schule gemacht. Das war aber mit Sicherheit Matteo Goffriller, und es ist gewiß, daß auch Francesco Goffriller zeitlich und arbeitsmäßig dem Domenico Montagnana noch eine gute Nasenlänge voraus war.

Die Brüder Hill haben diese Streitfrage — schon lange vor M. Möller — ebenso eindeutig wie glaubhaft entschieden. In ihrem Stradivari-Buch (1930) heißt es: „Nichts Sicheres kann in seinem Werk gefunden werden, das uns glauben ließe, er (= Montagnana) sei ein Cremoneser oder gar ein Schüler des Stradivari gewesen. Wir sind geneigt anzunehmen, daß ihn sein Handwerk entweder von Goffriller oder von Gobetti gelehrt wurde und daß er wahrscheinlich Venezianer von Geburt war."

Montagnanas erster bekannter Zettel aus einer kleinen Violine stammt vom Jahr 1715; damals war er 26 Jahre alt. Das ist etwas spät, aber nicht ungewöhnlich. Vielleicht sind frühere Instrumente oder deren Zettel verloren gegangen, vielleicht hat er — wie auch Goffriller — nicht von Anfang an Zettel verwendet. Denkbar wäre auch eine andere Erklärungsmöglichkeit: daß Montagnana lange in abhängiger Stellung gearbeitet habe, ehe ihn sein strenger und anspruchsvoller Lehrer freisprach. Auch könnte ihn sein Meister, um seinen Einfluß nicht zur stilistischen Abhängigkeit ausufern zu lassen, für einige Zeit nach Cremona geschickt haben. So etwas wäre dem Matteo Goffriller schon zuzutrauen gewesen; wenn schon Goffriller oder Gobetti der Lehrer des D. Montagnana gewesen sein soll, so spricht alles für Goffriller und so ziemlich alles gegen Gobetti. Goffriller hatte ja einmal den wohl völlig von ihm ausgebildeten Bruder Francesco (wenn nicht noch einen weiteren Familienangehörigen namens Antonio); und da ihm zweifellos klar geworden wäre, daß Domenico Montagnana zu Höherem bestimmt war als sein Bruder Francesco, hätte er ihn — wenn überhaupt — streng, lange und vielseitig ausgebildet.

Das wären jedenfalls plausible Erklärungen für Vermutungen, die heute als viel wahrscheinlicher gelten dürfen als Montagnanas vollständige Ausbildung und Geburt in Cremona. Es soll hier also, um keinen Zweifel darüber zu lassen, keineswegs behauptet werden, Domenico Montagnana sei der Schüler des Matteo Goffriller und seiner Werkstatt gewesen. Es sollen nur die Zusammenhänge herausgearbeitet werden, die eine solche längst zur Arbeitshypothese gewordene Annahme stützen könnten.

Immer wieder wird andererseits für Montagnanas Cremoneser Abstammung ein Zettel ins Feld geführt, den er etwa um 1700 oder später benutzt haben soll: „Domenicus Montagnana sub signum Cremonae Venetiis 17..". Einmal ist nicht sicher, daß dieser auch philologisch nicht mustergültige Zettel nicht eine spätere Zuweisung ist; wäre er indessen von Montagnana wirklich verwendet worden, würde er gerade das aussagen, was man mit ihm widerlegen will: daß Montagnana nämlich entweder nur einige Zeit in Cremona war, oder, als Ausdruck einer intensiven Zuwendung zu dieser Schule, sich selber zum Cremoneser machte. Diese Werkstattbezeichnung „Sub signum" (oder besser: Sub signo) ist fast nie Beweis einer realen Schülerschaft, sondern einer idealistischen Identifizierung mit einer Stilrichtung, der man nachzueifern sucht, durch deren reguläre Schule man aber nicht gegangen ist.

Der Fall des Domenico Montagnana liegt zwar hinsichtlich einer exakten Zeitbestimmung schwieriger, im ganzen aber einfacher als der des Matteo Goffriller. Denn man kann ihn einleuchtender einer bereits existierenden venezianischen Schule, sogar einem bestimmten Meister zuordnen, wobei das davon Abweichende der Ausdruck einer unverwechselbaren Eigenart höchsten Ranges ist. Die recht genau bestimmbare Charakteristik des Domenico Montagnana bewegt sich stilistisch innerhalb kleinerer Ausschläge als bei Matteo Goffriller, ist aber in der Bestimmtheit der künstlerischen Aussage vielleicht noch aufregender. Matteo Goffriller ist in seiner Gesamtanlage der ausladendere, einfallsreichere, inspiratorisch genialere; Domenico Montagnana ist in seinen stilistischen Ausschlägen beschränkter, indessen in der Pracht der Vollendung wohl noch der Durchschlagendere. Goffriller war das Genie einer breit angelegten Ursprünglichkeit, Montagnana das der kraftvoll-schönen Vollendung. Charles Reade nannte Domenico Montagnana den „mächtigen Venezianer" (the migthy Venetian).

I. Gitarre von Matteo Sellas Venedig, 1. Hälfte 17. Jh. Sotheby, London, Auktion 18. 12. 84

112

linke Seite
II. Violoncello von Zanetto Pellegrino
    Brescia, 1581
Aus: Jalovec, Enzyklopädie, Tafel VII

III. Violine von Hieronimo u. Antonio Amati
     Cremona, zw. 1590 und 1600

| Corpuslänge | 35,7 | | Zargen | 2,9 − 2,95 − 3,0 |
| Breiten | 16,0 − 11,1 − 19,9 | | Mensur | 19,5 |

Boden ganz, Decke geteilt, Lack: meist original
Musikinstrumentenmuseum im Münchner Stadtm.

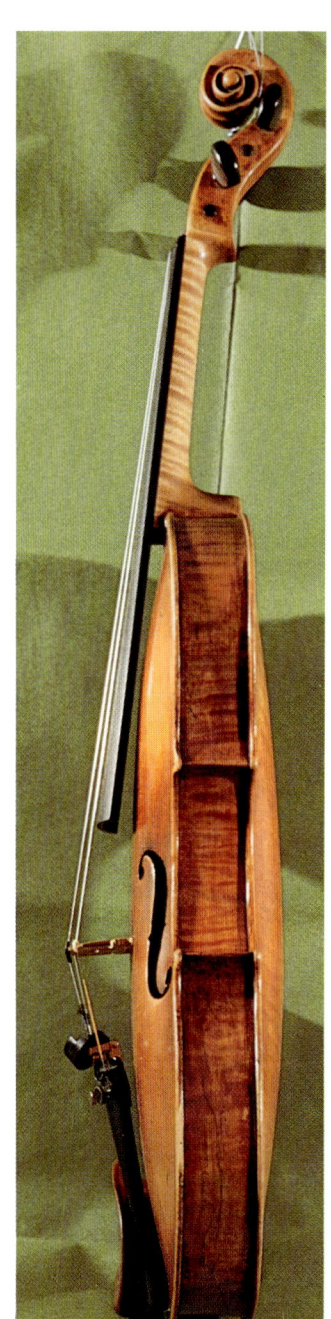

IV. Violine von David Tecchler, Rom, 1700
Bayer. Staatstheater, München, Nr. 97

116

V. Violine von David Tecchler, Rom 1704
Bayer. Staatstheater, München, Nr. 82

VI. Violoncello von David Tecchler, Rom, ca. 1705
   Corpuslänge   76,65
   Breiten   35,35 — 24,0 — 44,8
   Zargen   11,65 — 11,95
   Mensur   40,3
   Li. Oberdecke: Querast
   Lack: rötlichgelb
   Bayer. Staatstheater, München, Nr. 14

118

VII. 3/4 Violoncello von Matteo Goffriller

119

VIII. Violine von Matteo Goffriller
1724

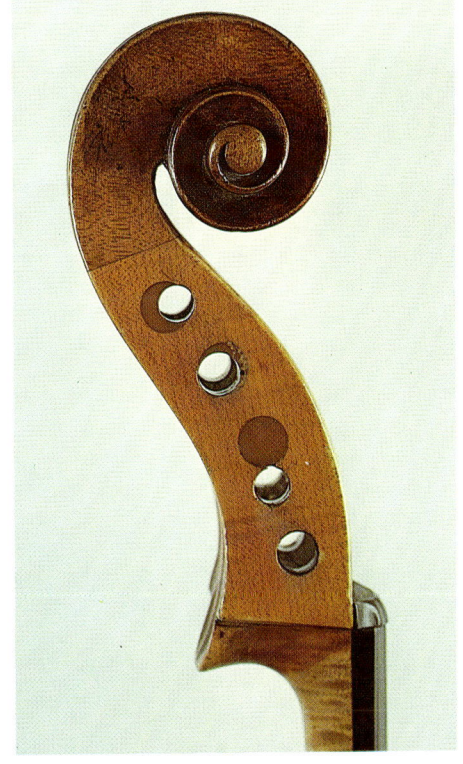

IX. Violoncello von Matteo Gofrriller
Späte Periode, FS 6

X. Violine von
Domenico Montagnana
vergleiche auch s/w. Abb. 44
auf S. 139

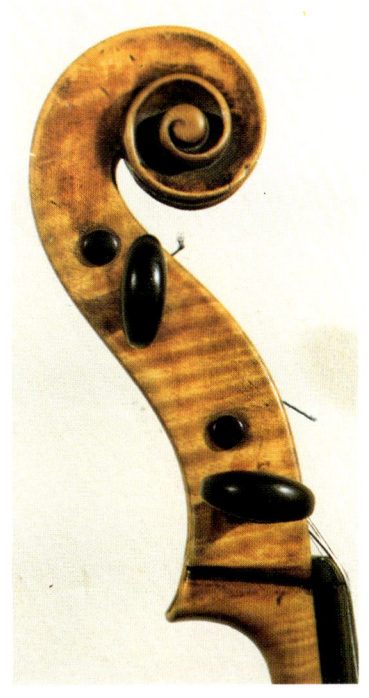

XI. Violoncello von Domenico Montagnana
   Venedig 1727
   Corpuslänge   73,5
   Breiten   33,5 — 23,4 — 42,4
   Zargen   10,85 — 11,1
   Mensur   39,3
   Bayer. Staatstheater, München, Nr. 12
   (Lütgendorff 1922, S. 341)

XII. Viola von Domenico Montagnana

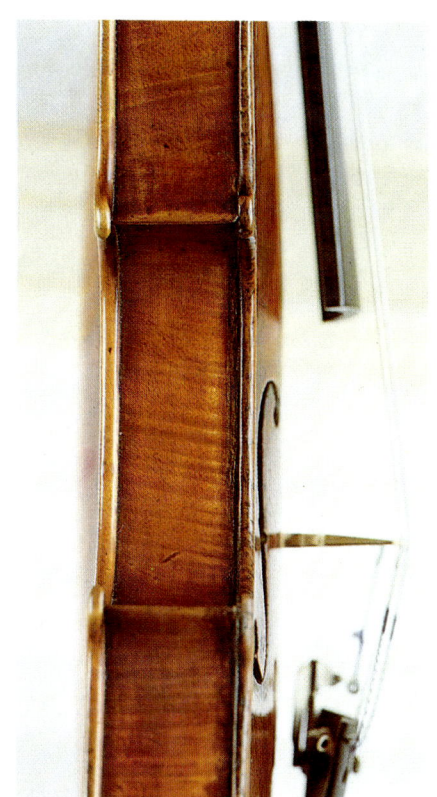

XIII. Violine von
Domenico Montagnana FS 16
flach, rot

XIV. Violine von Francesco Gobetti
ca. 1705 - 1710

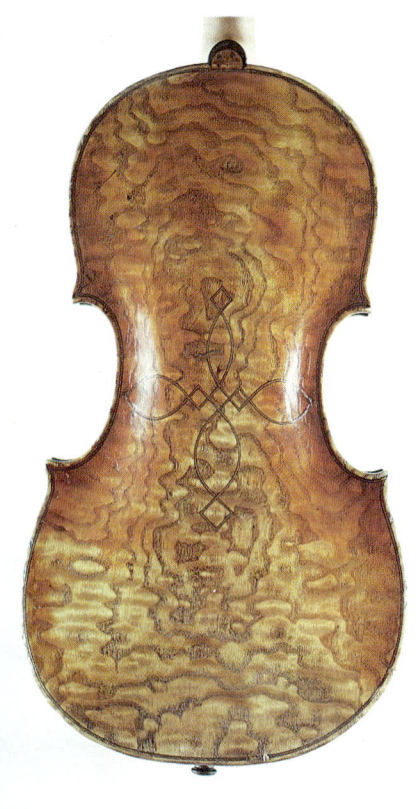

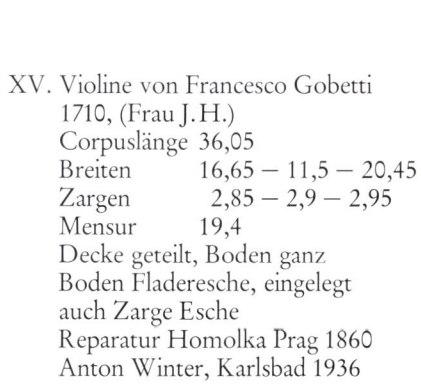

XV. Violine von Francesco Gobetti
    1710, (Frau J. H.)
    Corpuslänge 36,05
    Breiten   16,65 — 11,5 — 20,45
    Zargen   2,85 — 2,9 — 2,95
    Mensur   19,4
    Decke geteilt, Boden ganz
    Boden Fladeresche, eingelegt
    auch Zarge Esche
    Reparatur Homolka Prag 1860
    Anton Winter, Karlsbad 1936

XVI. Violine von Pietro II. Guarneri
1723, ex J. Thibaud – Ludwig Bus
Stuttgarter Philharmoniker

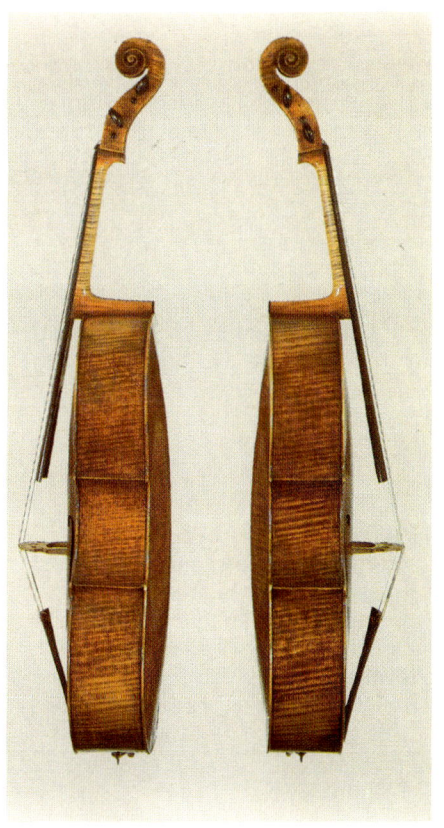

XVII. Violoncello von Pietro II. Guarneri, Venedig 1725
     Corpuslänge 74,9 cm
     reiche rotbraune Farbe, Boden geteilt
     Sotheby, London Auktion 3. 4. 85
     Hill, The Violin-makers of the Guarneri Family, pp. 141/142

XVIII. Violine von Pietro II. Guarneri,
Venedig 1727 (Zuweisung M. Möller)
Corpuslänge   35,55
Breiten   16,5 — 10,6 — 20,35
Zargen   2,95 — 2,9 — 2,9
Mensur   19,5
Boden und Decke geteilt
Lack gelb-rötlich, Boden mehr gelb

XIX. Violine von Pietro II. Guarneri
     Venedig, 1754
     nach Hill 1932

XX. Violoncello von
Pietro II. Guarneri
Späte Periode

XXI. Violine von
     Santo Serafin
     Zettel: Sanctus
     Seraphin Utinensis
     fecit
     Venetijs Ann. 1755
     Attest
     F. Hamma 1916
     Corpuslänge 35,5
     Breiten 16,8 — 11,1
     — 20,75
     Zargen 3,15 — 3,05
     — 3,1
     Mensur 19,65
     Decke und Boden
     geteilt
     Brandstempel:
     SERAFIN
     Lack gelbrot

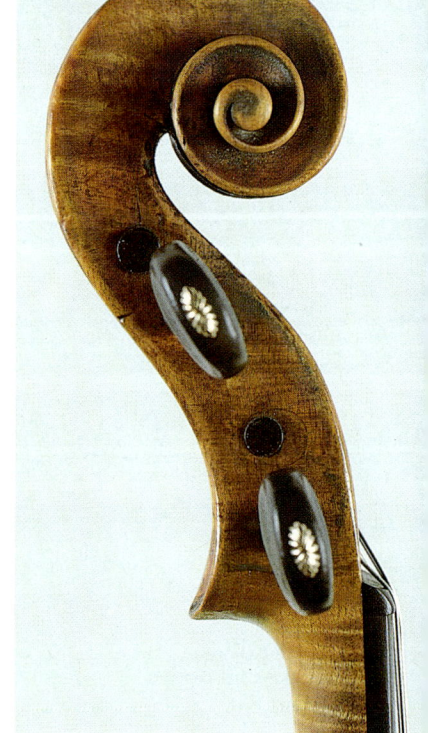

zu
XXI. Violine von S. Serafin, Details

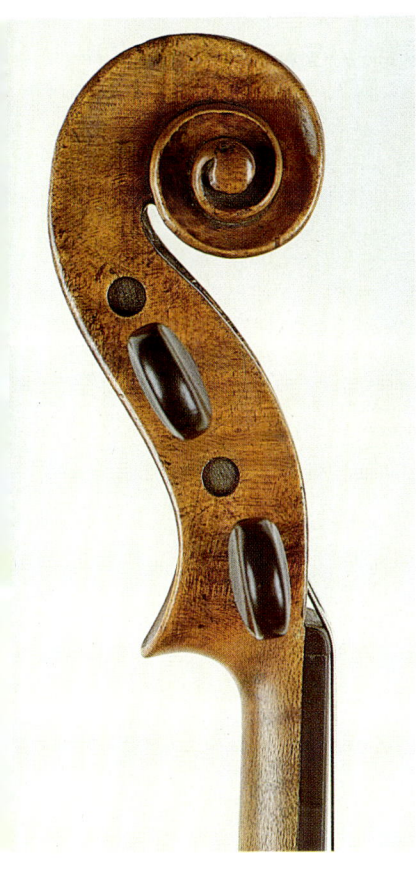

XXII. Violine von Michele Deconet ca. 1770

Corpuslänge   36,05
Breiten   15,65 — 10,8 — 20,05
Zargen   3,0   2,95   3,05
Mensur   19,5
Decke und Boden geteilt
Lack gelb-hellbraun
Hals orig. Wölbung

XXIII. Violine von Carlo Antonio Tononi, Venedig 1738
  Corpuslänge   36,5 (!)
  Breiten   17,0 — 11,5 — 20,6
  Zargen   2,8 — 2,85 — 2,9
  Mensur   19,4
  Decke und Boden geteilt
  Umriß oben kantig
  Bayer. Staatstheater, München, Nr. 70

Montagnana hat bei den Violinen hauptsächlich zwei Modelle benutzt: ein gewölbtes, ingesamt mehr von Stainer beeinflußtes, und ein sehr flaches und breites. Von der Größe her bestehen keine Gesetzmäßigkeiten, da beide Typen groß sein können.

Sollte Montagnana ein Schüler Matteo Goffrillers gewesen sein, so weisen die gewölbten Instrumente seine Lehre bei ihm stärker aus als die flachen. Dabei sind freilich Einschränkungen zu machen.

Ingesamt kann man vielleicht sagen, daß die Schnecke wohl der stärkste Hinweis auf Montagnanas mögliche Schule bei Goffriller ist und ebenso ist sie das stärkste Gegenargument gegen eine Schule bei Gobetti, dessen Schnecken nicht nur von denjenigen Montagnanas völlig verschieden, sondern sogar der Teil sind, der als die schwächste Leistung des Gobetti gilt. Das schließt nicht aus, daß im Einzelfall die Unterscheidung zwischen Montagnana und Gobetti sehr schwer sein kann; aber das gilt mehr für das Patron und die ff-Löcher und nicht so sehr für die Schnecke (Abb. 45).

Die Schnecken Domenico Montagnanas sind zwar insgesamt nicht ganz so eigenwillig und ausladend wie die „wildesten" des Matteo Goffriller, aber sie verraten im Ductus ein gleiches, vielleicht etwas abgeschwächtes Muster: einen kräftigen, sich stark nach hinten biegenden Wirbelkasten, und eine gegen ihn sich weit vorbeugende Schnecke. Ihre Windungen sind zwar runder als bei Goffriller, dessen Schnecken mehr breit als hoch sind. Da die Windungen der Schnecke sehr mächtig angelegt sind, ergibt sich bei Montagnana insgesamt, trotz der mehr an Stradivari erinnernden konzentrischen Rundungen, ein Gesamtbild, das vom Ansatz her die Konzeption Goffrillers verrät. Dazu kommt noch, daß wie bei ihm beim Übergang des Wirbelkastens in die eigentliche Schnecke ein zwickelartiger Spalt zwischen beiden Bestandteilen klafft (Abb. 44, 49, XII, XIII, 52, 54).

Die ff-Löcher Montagnanas sind, was deren Neigung, Länge und Schnitt betrifft, recht verschieden. Sehr kurze sind selten anzutreffen, z.B. in einer Violine vom Jahr 1737, die K. Jalovec in „Italienische Geigenbauer" als Nr. 258 auf S. 284 abgebildet hat, übrigens auch (in der englischen Ausgabe) an einer Violine von 1730, Tafel 8 b. Unabhängig von ihrer Länge sind sie fast immer graziös im Schnitt (Abb. 45, 47, XI, 49, 55, 60). Es gibt indessen lange, sogar ungewöhnlich lange und dazu breit geschweifte ff-Löcher (Abb. XII). Insgesamt lassen sich Schnitt und Form der ff-Löcher, so verschieden sie im einzelnen bei Montagnana ausfallen mögen, wesentlich besser mit der Schule des M. Goffriller als des Francesco Gobetti vereinbaren. Das zeigt auch das einst von Emmanuel Feuermann gespielte Violoncello vom Jahr 1735, das Fridolin Hamma unter der Nr. 490 abgebildet hat (Abb. 53).

Die Ecken hat Montagnana zwar deutlich betont, aber meist nicht allzu „griffig" gehalten. Relativ spitze finden sich in den Abb. 48, 49, 50, 51. Untereinander am ähnlichsten sind diejenigen von Abb. 51 und XIII, bei denen die gut artikulierten Spitzen noch recht breit sind, ebenso bei einer Violine von 1739, die bei W. Hamma auf S. 402 f. abgebildet ist.

Das Patron des Montagnana hat, vor allem bei flachen Instrumenten, gewisse Ähnlichkeiten mit Stradivari. Doch ist es mehr der erste Gesamteindruck, der an ihn erinnert; bei Betrachtung der Einzelheiten zeigen sich auch wichtige Unterschiede. Im Gegensatz zu Stradivari fallen bei Montagnana die oberen und unteren Bögen des Corpus ab, die mittleren, zur Brust gehörigen, sind breiter und betonter.

Zu den recht kennzeichnenden ff-Löchern und dem eigenwilligen Schnitt der Schnecke (in der M. Möller erstaunlicherweise eine Affinität zu Amati sieht) kommt als letzte bemerkenswerte Eigenschaft der sehr persönliche Lack Domenico Montagnanas. In seinen roten Farbtönen ist er echt venezianisch, und doch unter allen Meistern wieder besonders. Seinem Lack wird eine sammetartige Beschaffenheit und eine besondere, aus dem Dunkeln hervorkommende Leuchtkraft nachgesagt. Montagnana hat, wie alle Venezianer, und wie vor ihnen schon Carlo Bergonzi, den Lack reichlich aufgetragen; deshalb gibt es noch manche Instrumente mit ausreichendem Lackkleid. Wie immer bei reichlichen Überzügen entstehen mitunter kleine Verklumpungen, die dann, wenn sie ausgebreiteter sind, netzartige Krakelee-Muster ergeben. Das unnachahmliche, nur bei Montagnana anzutreffende Tizian-Tiefrot zeigen, wenn auch in verschiedener Schattierung, die farbigen Abbildungen (X, XI, XII und XIII).

Den venezianischen Meistern wird nachgesagt, daß sie, um ihren langsam trocknenden Lack von Staubpartikeln frei zu halten, auf dem offenen Meer lackiert hätten. Bei Montagnana ist man stärker als bei den anderen Venezianern versucht, an diese Version zu glauben. Sein Lack ist nicht nur von großer Wärme, sondern von besonderer Reinheit.

Bei aller handwerklichen Meisterschaft, die wohl am allermeisten von allen Merkmalen Montagnanas an die Makellosigkeit des Antonio Stradivari erinnert, hat er gelegentlich, wie übrigens auch Matteo Goffriller, bei Violinen die Einlegearbeit unterlassen, nicht einmal gezeichnet. Das ist bei diesen genau arbeitenden Meistern immerhin bemerkenswert.

Der Zusammenhalt unter den venezianischen Meistern des 18. Jahrhunderts scheint eng gewesen zu sein. Sie kannten einander nicht nur alle, sondern waren teilweise auch eng miteinander befreundet. Durch Pietro II. Guarneri wiederum kam ein relativ enger Konnex mit Cremona, und hier besonders mit

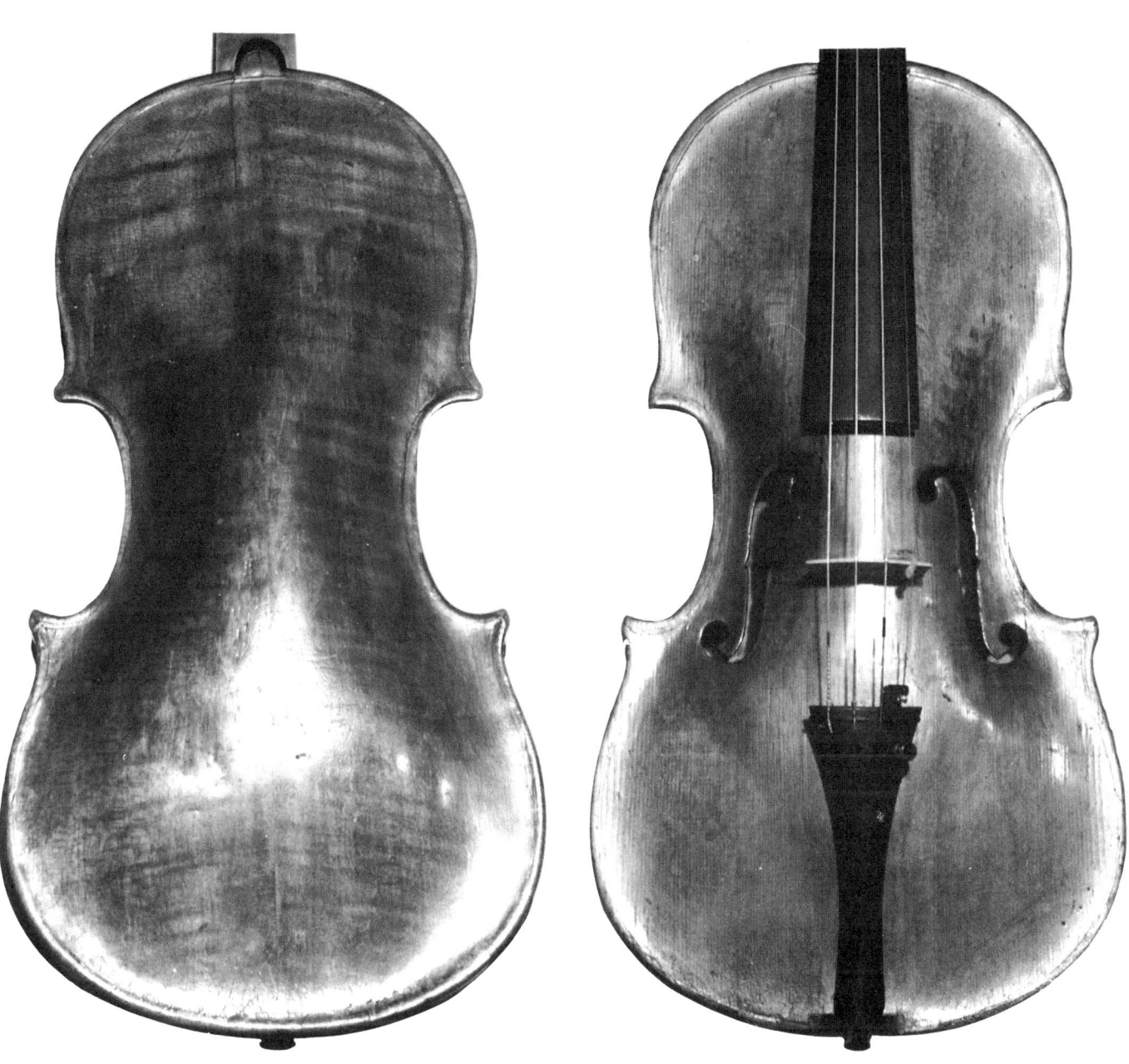

44. Violine von Domenico Montagnana, Venedig, ca. 1710
    Corpuslänge   36,1
    Breiten   16,2 — 11,4 — 20,2
    Zargen   3,05 — 3,0 — 2,95
    Mensur   19,0
    Lack dunkelrot auf goldenem Grund

Joseph Guarnerius del Gesù zustande. Für die zumindest guten Beziehungen zwischen Cremona und Venedig spricht eine Violine, die lange im Wendling-Quartett gespielt wurde. Fridolin Hamma hat sie in Abb. 115 auf S. 201 seines schönen Buches widergegeben (Abb. 56). Es handelt sich um ein Instrument des Domenico Montagnana, zu dem Joseph Guarnerius del Gesù eine neue Decke gemacht hat. Wahrscheinlich wurde das Instrument in Cremona gespielt und die Decke war — wohl durch ein Mißgeschick — beschädigt worden. Joseph Guarnerius del Gesù nahm sich des Wracks an und machte eine neue Decke dazu, klebte dann aber in den Boden einen eigenen Zettel vom Jahr 1744. Dabei schonte er den ursprünglichen Umriß; man beachte die für die spätere Zeit Montagnanas kennzeichnende schmale Brust und die fast übertrieben spitzen Ecken, die sich auch in den Abbildungen 50, 51, 54 zeigen und stark an Santo Serafin erinnern. Violen hat Montagnana offenbar nicht viele gebaut; die hier abgebildete ist durch ihr kleines Format (Corpuslänge 38,4), ihre langen, dem Joseph Guarnerius del Gesù ähnlichen ff-Löcher und ihren schönen roten Lack bemerkenswert (Abb. XII). Valentin Härtl spielte seinerzeit eine herrliche großformatige Montagnana-Viola mit ähnlichen, auffallend langen und weit ausholenden ff-Löchern.

Es scheint, daß Montagnana zahlreiche Violoncelli gebaut hat; jedenfalls werden sie, wie diejenigen aller Venezianer, besonders hoch geschätzt. Seine Violoncelli haben meist ein wuchtiges, in der Brust breites Patron, in dem die ff-Löcher nicht sehr hervortreten; sie wirken alle „mächtig" (Abb. XI, 52, 53). Das gilt vor allem für das in Abb. XI gezeigte Exemplar, von dem Lütgendorff 1922 (nicht in der Auflage von 1904) schreibt: „Ein prachtvolles Violoncello von ihm (Montagnana) aus dem Jahr 1727 (von Engleder 1845 repariert und wahrscheinlich verkleinert, ohne im Ton Einbuße zu erleiden), besaß das ehemalige Hoforchester in München". Wir können hinzufügen: das Bayerische Staatstheater besitzt das Instrument immer noch.

Weitere herrliche Violoncelli sind: das aus der bereits erwähnten Lutyens-Collection (die das Cristiani-Strad und das lange für Stradivari gehaltene Goffriller - Violoncello besaß); es ist in THE STRAD 35, p.53, Suppl. 409, May 1929 besprochen und abgebildet (Abb. 58). Ferner ist ebenso schön wie berühmt das 1723 datierte von Maurice Eisenberg (THE STRAD 66, 326 f, Jan 1956). Das in Abb. 52 gezeigte Violoncello ist übrigens demjenigen., das Emmanuel Feuermann einst spielte (Abb. 53), überaus ähnlich.

Von Domenico Montagnana gibt es auch Contrabässe (auch andere Venezianer Meister haben Bässe gebaut, vor allem Goffriller, und wohl auch Deconetti). Ein großer, ehemals dreisaitiger Contrabaß von Domenico Montagnana, früher im Besitz des bekannten Bassisten Charles Harper, ist in THE

45. Violine von Domenico Montagnana ca. 1710-15, FS 90, Bodenstimmriß
Corpuslänge (R) 35,7
Breiten   16,4 — 11,3 — 20,3
Zargen   2,85 — 2,9 — 2,9
Mensur   18,8
Decke ganz, Boden geteilt

STRAD *21*, 445 f, April 1911 beschrieben und abgebildet; dem Novello-Verlag in London danken wir für die Reproduktionsgenehmigung (Abb. 57). In dem zugehörigen mit T.P. (Towry Piper) gezeichneten Artikel wird ein weiterer Contrabaß von Montagnana erwähnt, der auf einer Ausstellung in Kensington 1871/72 gezeigt wurde, und ein anderer bei Reade genannter, der einst im Besitz von John Hart war. Bemerkenswert an dem abgebildeten Baß ist nicht nur das große Patron, sondern der Umstand, daß der Boden nicht flach, sondern, wie es im englischen Text heißt, „modelliert" ist; dazu ist er, wie alle Bässe, im oberen Teil des Bodens gegen den Hals zu abgeschrägt.

Insgesamt scheinen Instrumente von Domenico Montagnana seltener zu sein als diejenigen der Goffriller-Werkstatt. Sein überaus genaues Arbeiten ging offenbar langsam vonstatten. Immerhin sind heute eine ganze Anzahl seiner Instrumente bekannt.

In THE STRAD sind außer den beiden genannten Violoncelli (von denen das Lutyens in Abb. 58 wiedergegeben ist) noch zwei Violinen von ihm beschrieben (von 1730 in Abb. 59 und von 1756 in Abb. 60 reproduziert). Fridolin Hamma zeigt in seinem Buch die Abbildungen von drei Violinen (Nr. 127 vom Jahr 1740, Nr. 128 vom Jahr 1733, Nr. 129 vom Jahr 1737, dazu die von Guarnerius del Gesù vollendete von 1744, Abb. 56). In dem Buch von Walter Hamma finden sich 4 Violinen (S. 488 von 1729, s. 490 von 1736, S. 492 von 1739 (mit mächtiger Schnecke) und S. 494 vom Jahr 1742), ferner das Violoncello von E. Feuermann (S. 490, vom Jahr 1735, Abb. 53). Jalovec reproduziert in seiner „Enzyklopädie" 3 Violinen von Montagnana (1733, 1737 und 1740), in „Italienische Geigenbauer" von Hamma übernommen 4 Violinen von 1726, 1729, 1733 und 1742. Arnold Sprenger verfügt in seinem Buch über Venedig über 8 Violinen aus der Zeit von 1720 bis 1756 und über 2 Violoncelli von 1742 und der Jahrhundertmitte.

46. Violine von Domenico Montagnana
    ca. 1710-15, FK 40, (Hornsteiner), flach, dunkelrot
    Corpuslänge (B) 36
    Breiten   16,6 — 11,45 — 20,75
    Zargen   3,05 — 3,0 — 2,95
    Mensur   19,8
    Decke geteilt, orangebraun, Boden geteilt, gelbrot

47. Violine von Domenico Montagnana
    ca. 1715-20, FS 243
    Corpuslänge (B) 35,35
    Breiten   16,6 — 11,3 — 20,3
    Zargen   2,9 — 3,15 — 3,1
    Mensur   19
    Patron flach, Boden und Decke ganz,
    Lack dunkelorange — rot

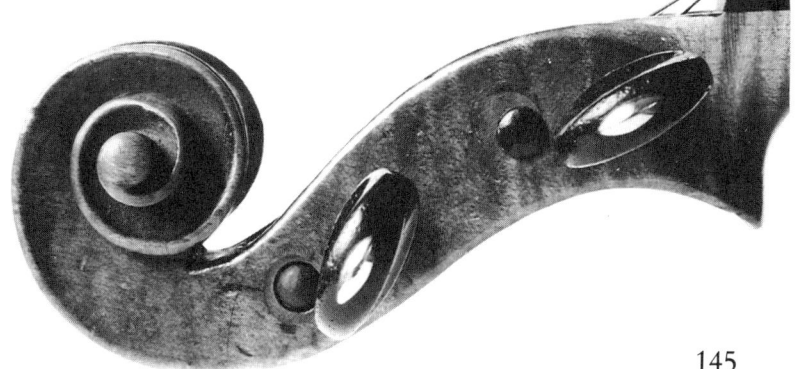

48. Violine von Domenico Montagnana
    ca. 1720-25
    Maße nicht bekannt
    Boden ganz, Decke geteilt
    Lack gelbbraun, ff sehr nach Stainer

49. Violine von Domenico Montagnana,
    Venedig, 1723
    Zuordnung Max Möller, Amsterdam
    Dr. B. M.
    Corpuslänge   36,05
    Breiten   16,6 − 10,45 − 20,45
    Zargen   3,05 − 2,95 − 3,15
    Mensur   19,3
    Zettel: Domenicus Montagnana sub
    signum Cremona Venetiis 1723
    Boden ganz, kielartig gewölbt,
    Decke geteilt, Lack gelb-braun-rot

50. Violine von Domenico Montagnana, Venedig 1737

51. Violine von Domenico Montagnana, Venedig 1731, Kollektion W. Hamma, Stuttgart

52. Violoncello von Domenico Montagnana,
    ca. 1735 - 38, FS 105
    Corpuslänge   73,6
    Breiten   35,0 — 24,4 — 42,25
    Zargen   11,95 — 12,1 — 12,0
    Mensur   40,3
Decke und Boden geteilt, Decke schlecht erhalten,
Lack: helles Rot, Schnecke sehr schön und mächtig
Dieses Violoncello gleicht in auffallender Weise
dem von E. Feuermann gespielten von 1735 (W.
Hamma, p. 490) sowie einem in THE STRAD
83 p. 58 f (Juni 1972) abgebildeten vom gleichen
Jahr (s. Abb. 53)

53. Violoncello von Domenico Montagnana, Venedig, 1735
„Ex Feuermann" nach W. Hamma: Meisterwerke…, S. 490, 1964

54. Violine
    von Domenico Montagnana
    Venedig, 1738
    Ex Marsick, Peterlongo Nr. V
    Corpuslänge (B) 35,4
    Breiten   16,7 — 11,0 — 20
    Kollektion W. Hamma, Stuttgart

55. Violine von Domenico Montagnana, ca. 1735 - 40, FS 288
    Corpuslänge (B) 35,85
    Breiten   17 — 11,3 — 21
    Zargen   3,05 — 3,2 — 3,15
    Mensur   19,5
    helle Bodenfuge, flach, rotbraun, Decke und Boden geteilt

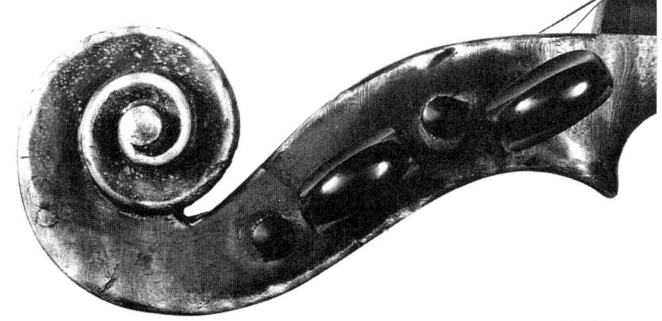

56. Violine von Domenico Montagnana, Decke von Josef Guarnerius del Gesù, 1744
   Aus Fr. Hamma: Meisterwerke..., 1930, Abb. 115

154

57. Contrabaß von Domenico Montagnana
    aus: THE STRAD 21, p. 445 f

58. Violoncello von Domenico Montagnana, Lutyens-Collection, THE STRAD, 35, p. 53

59. Violine von
    Domenico Montagnana
    ca. 1730, (Matteo Goffriller?)
    aus THE STRAD 81, p. 198

158

Auch über ihn gehen die Meinungen weit auseinander. Das beginnt bei seinem Namen. Nach G. Hart (1875) soll er auch (oder erst?), Gobit' geheißen haben. Das ist philologisch und etymologisch recht unwahrscheinlich; eher wäre „Gobet" oder „Gobett" vorstellbar. Jedenfalls läßt sich aus Harts Vermutung keineswegs eine nicht eigentlich italienische Herkunft des Namens Gobetti ableiten. Es sei noch einmal daran erinnert, daß sowohl Aussprache als auch Schreibweise in den damaligen Zeiten recht willkürlich und nachlässig gehandhabt wurden.

Herkunft, Ort und Zeit seiner Geburt sind unbekannt; nirgendwo ist über eine eventuelle Tiroler Herkunft (wie das für Goffriller inzwischen gesichert ist) spekuliert worden. Das Jahr 1690, mit dem die einschlägige Literatur Gobetti beginnen läßt, scheint sowohl das Geburtsdatum als auch den Anfang seiner selbständigen Tätigkeit bezeichnen zu sollen. Das Todesjahr wird am häufigsten mit 1732 wiedergegeben (Lütgendorff, Niederheitmann-Berr, Fridolin Hamma); nur Walter Hamma nimmt es mit 1749 an. Lütgendorff erwähnt eine Violine Gobettis im Stift St. Florian mit einem Zettel 1761, doch nimmt er an, daß statt der 6 eine 0 gelesen werden müsse, also 1701.

Auch stilistisch wird Francesco Gobetti recht verschieden beurteilt. Einerseits ist man sich darüber einig, daß seine Arbeit die Cremoneser Schule verrät (indessen wagt niemand, ihn einem bestimmten Meister zuzuordnen), andererseits sind es viele Cremoneser, an die seine Instrumente gemahnen. Ganz allgemein reiht man seine stilistischen Merkmale zwischen Stradivari und Amati ein, schreibt ihm ein breites Patron zu (Niederheitmann-Berr), eine mittelhohe Wölbung (W. Hamma), und betont, daß seine ff am meisten Ruggieri ähneln. Am wenigsten ist man mit Form und Schnitt seiner Schnecken einverstanden. Niederheitmann-Berr nennen sie „wenig gelungen", Vannes sagt von der Schnecke, ihr mangele „un peu de sveltesse". Dagegen nennt Walter Hamma die Schnecken Gobettis „herrlich geschnitten" (mindestens bei 2 Violinen von 1719 und 1726, auf die sich sein Text bezieht). Auch J.M. Fleming 1892) hielt die Schnecken Gobettis für „sauber geschnitten", aber er meint, „sie sähen etwas monstruös aus" und sie seien „of the same width almost to the first turn". Er meint damit, daß der Wirbelkasten seine gleiche Breite bis zum Beginn der ersten Windung beibehält, also überhaupt nicht schlanker wird. Das trifft in der Tat für eine Reihe von Instrumenten zu (Abb. 63, 64, 67, 68, 72). Towry Piper (THE STRAD March 1914) schreibt in einem enthusiastischen Lob Gobettis: „ . . . and if you don't like the cut of some of his heads, look at the other points and you will forget all about the tone."

60. Violine, Domenico Montagnana zugeordnet ca. 1756
Museo degli Stromenti musicali, Mailand

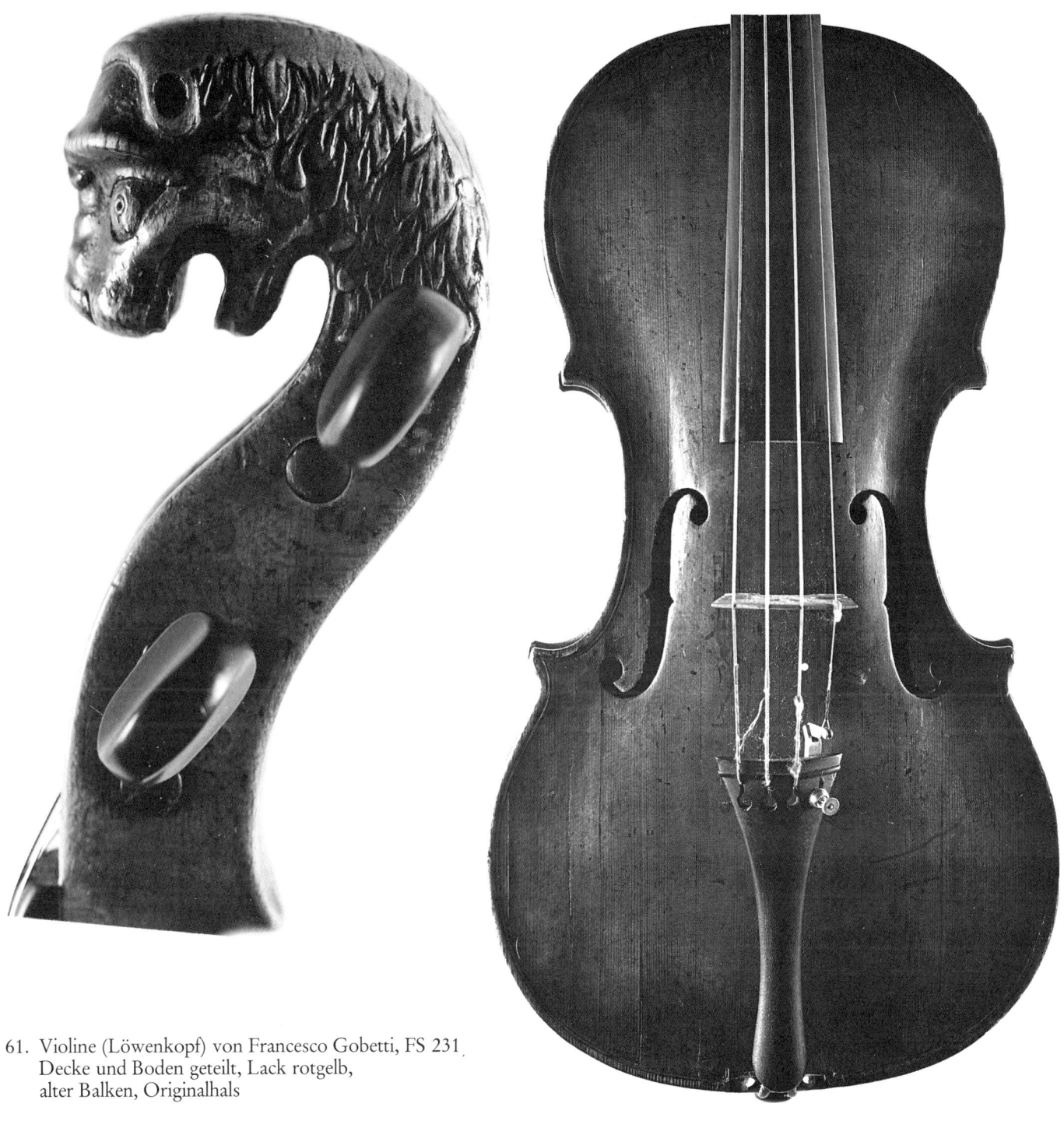

61. Violine (Löwenkopf) von Francesco Gobetti, FS 231
    Decke und Boden geteilt, Lack rotgelb,
    alter Balken, Originalhals

Um bei den Schnecken Gobettis zu bleiben: bei der Abhandlung über Montagnana wurde zu begründen versucht, warum dessen Schnecken besser zu Goffriller als zu Gobetti (als hypothetischem Lehrmeister) passen. Diese für Goffriller gemachten Aussagen sind Gobetti gegenüber noch im einzelnen zu begründen.

Die Schnecken des Francesco Gobetti sind oder wirken in der Gesamtkomposition meist etwas unbeholfen. Zwar sind auch sie wuchtig angelegt, nur stimmen die Relationen im einzelnen nicht immer. Der Wirbelkasten beginnt, am Ende des Halses breit, fast unförmig (Abb. XIV, 61, 63, 67), wird aber dann am Ansatz der Schnecke, mitunter recht übergangslos, sehr schmal, wobei auch bei Gobetti zwischen Wirbelkasten und Schnecke eine spaltartige Einkerbung zu beobachten ist. Gegen diesen oft etwas unförmigen Wirbelkasten wirkt die Schnecke als solche mitunter kantig (Abb 63, 65), oder zu klein (Abb. 63, 71), jedenfalls geraten die Windungen nicht immer harmonisch und ästhetisch überzeugend (Abb. XIV, 62, 63, 65). Die erste Windung ist mitunter, wie Towry Piper meint, zu breit (gegenüber dem Auslauf des Wirbelkastens), und selbst, wenn die Windungen der Schnecke einigermaßen gleichmäßig und befriedigend gelingen (Abb. 63), wirkt der dazugehörige Wirbelkasten gelegentlich doch recht plump. Auch kann es vorkommen, daß gegen den stark geschwungenen, aber zufriedenstellenden Wirbelkasten die Schnecke zu groß oder lang und nicht dazugehörig wirkt (Abb. 64, XV, 67). Der größte Durchmesser der Schnecke liegt öfter in der Senkrechten als in der Waagrechten, im Gegensatz zu Goffriller (Abb. 62, 67, 72, 74). Die Schnecke der Abb. 62 ist überaus ähnlich der von W. Hamma in seinem Buch auf S. 270 gezeigten Violine von 1717.

Das, was Gobetti bei der Gestaltung der Schnecke des öfteren vermissen läßt, ist die gelungene Übertragung eines mächtigen Impulses in eine wohlproportionierte, ästhetische Form. Um diese möglicherweise überkritische, sicher aber nicht ungerechte Analyse ins Positive zu kehren, sei auf einige gelungene Schnecken ausdrücklich hingewiesen (Abb. XIV, 64, 67, 68).

Die ff-Löcher Gobettis sind ziemlich lang, ihre leichte Schrägung ist nicht ohne Eleganz; die Biegung am Ansatz der Klappen holt unten weiter aus als oben. Untereinander sind die ff-Löcher ähnlicher als bei anderen Meistern; so etwa Abb. XIV, 61, 62-65, 73. Auch die ff-Löcher der Abb. 69 mit der fraglichen Stainer-Kopie Gobettis würden gut zu seinem Arbeitsstil passen. Die ff-Löcher der Violine der Abb. 68, einer typischen Stainer-Kopie, sind überaus ähnlich der in F. Hamma Buch abgebildeten Violine Nr. 67, S. 135, vom Jahr 1721. Gobettis frühe Instrumente wirken fast noch archaisch, vor allem, wenn sie statt einer Schnecke einen Löwenkopf aufweisen (Abb. 61).

162

62. Violine von Francesco Gobetti, FS 189
    Corpuslänge   36,6
    Decke und Boden geteilt, Lack dunkelgelb bis rotbraun

Der Ober- und Unterteil wirkt an der Horizontalen oft nicht eigentlich rund, sondern ins Gerade, fast Kantige gezogen (vor allem in Abb. XIV).

Durch diese steifen „Rundungen", die recht senkrecht gestellten und nicht immer graziösen ff-Löcher und das insgesamt schmale Patron werden mitunter Anklänge an Brescia wach. Solche archaischen Umrisse sind für Francesco Gobetti – neben dem cremonesisch-venezianisch geglätteten Patron – durchaus kennzeichnend.

Diese vielleicht etwas pointiert beschriebenen Merkmale sind bei den im Folgenden abgebildeten Instrumenten Francesco Gobettis recht gut erkennbar, wobei auch im Umriß der Violinen anfänglich eine gewisse archaische Steifheit, mit stumpfen, kaum hervortretenden Ecken, schmalen, wenig gebogenen C-Bügeln auffällt (Abb. XIV, 61, 63, 64, 70). Erst gegen 1710 (wann er mit dem Geigenbau begonnen hat, weiß niemand so recht) wird das Patron von Francesco Gobetti mehr cremonesisch, mit weit und spitz ausgezogenen Ecken und vollen Rundungen des Ober- und Unterteils (Abb. 62, 65, 67). Das bleibt indessen nicht immer so; später kommen (soweit die genaue zeitliche Einordnung seiner Instrumente möglich ist) offenbar wieder gewisse Annäherungen an die frühe Bauweise vor (Abb. 72, 73).

Gobetti scheint ein großer Holzkenner und -Liebhaber gewesen zu sein. Er verwendete auch ungewöhnliche Hölzer. So trägt eine Violine vom Jahr 1710 einen Boden aus einer Holzart, die nach Ansicht der Geigenbauer nicht gerade als Tonholz gilt: der Fladeresche. Gobetti hat bei diesem Instrument (Boden und Zargen sind aus Fladeresche) nicht nur das bunte, schachbrettartige Muster genutzt (das wie geritzt wirkt), sondern er hat in der Mitte des Bodens auch noch eine große blumenartige Einlegearbeit angebracht (Abb. XV).

Diese Violine hat eine über 100 Jahre zu verfolgende Familiengeschichte. Sie trägt, außer einem im jetzigen Zustand völlig unleserlichen Zettel vom Jahr 1710, einen Reparaturvermerk von Homolka in Prag, der 1860 einen kleinen Stimmriß reparierte, und einen zweiten Reparaturvermerk von Anton Winter in Karlsbad vom Jahr 1936. Der jetzige Baßbalken stammt von Steiner in Würzburg (zwischen 1950 und 1960).

Das Instrument kam Ende des vorigen Jahrhunderts in den Besitz eines Karlsbader Geigers namens Labitzky, der es auf einer Konzertreise nach Rußland von einer adeligen Dame erhielt. Von einem Nachfahren Labitzkys, dem Gründer des Karlsbader Kur- und Symphonieorchesters, August Labitzky, erwarb es dessen Nachfolger als Konzertmeister, Franz Strobl, der es nach seiner Ausweisung und Pensionierung (er spielte zuletzt bei den Bamberger Symphonikern) im Jahr 1960 an einen namhaften Münchner Kammermusiker verkaufte. Von ihm erwarb es die heutige Besitzerin im Jahr 1968.

164

63. Violine von Francesco Gobetti, Venedig, bernsteinfarben, FS 238
    Corpuslänge   36,0
    Breiten   16,05 — 11,1 — 20,0
    Zargen   2,9 — 2,9 — 3,15
    Mensur   19,0
    Decke und Boden geteilt, Lack gelbbraun, Fichte, eng, bes. Mitte

4. Violine von Francesco Gobetti,
   gewölbt, FS 286
   Corpuslänge   35,45
   Breiten   16,25 − 10,9 − 20,25
   Zargen   3,15 − 2,05 − 3,1
   Mensur   19,0
   Decke und Boden geteilt, Lack orangerot

Franz Strobl versäumt nicht, in seinem einer Expertise gleichkommenden Begleitbrief zu versichern, daß die Violine von vielen Geigenbauern und Experten bewundert und anerkannt wurde. So etwa von dem berühmten Berliner Experten August Herrmann, der sie in Karlsbad während eines Kuraufenthaltes sah und ausdrücklich betonte, daß zu Zweifeln an ihrer Echtheit kein Anlaß sei. Ein besonderer Bewunderer war Herr Tenucci, der langjährige Leiter der Geigenbauabteilung bei Hug in Zürich. Die Liste der professionellen Bewunderer ließe sich fortsetzen.

Gobetti hat auch bei dieser Violine seine Vorliebe für Besonderheiten und für große und wuchtige Formate bestätigt. Die Corpuslänge mißt 36,05 cm, und auch andere der hier vorgestellten Violinen überschreiten die angebliche Standardgröße italienischer Geigen mit 36,0 (Abb. 63) und 36,6 (!) (Abb. 62). Kaum ein anderer norditalienischer Meister hat, wie bereits in der Einleitung betont wurde, dieses Maß so häufig überschritten. Auch die Breiten des Corpus liegen häufig über der Norm. Die Zargen dieser Violine haben indessen normale Höhe. Die Decke besteht aus einer Haselfichte schönsten Wuchses, und die Schnecke ist im Verhältnis zu dem sehr eleganten, sich auch nach oben verjüngenden Wirbelkasten zu wuchtig und zu schwer. Die tonalen Eigenschaften des Instruments sind erstaunlich gut, doch scheint es beim Vergleich mit im Rang ebenbürtigen doch, als würde der vielleicht nicht ideal schwingende Eschenholzboden die Kraft des Tonkerns etwas beschneiden.

Es wurde mehrfach darauf hingewiesen, daß alle venezianischen Meister des 18. Jahrhunderts in einer — im einzelnen stark wechselnden — Verbindung zu Jacobus Stainer stehen. Bei Francesco Gobetti ist diese grundsätzliche Stainer-Tradition von besonderer Art: Er war nämlich einer der famosesten Kopisten Stainers. Das scheint, wenn wir Alfred Berr glauben dürfen, bis zur beabsichtigten Fälschung mit nachgeahmten Zetteln samt juristischen Folgen geführt zu haben. Die Gobetti-Violine vom Jahr 1721, die Fridolin Hamma (1930) in seinem schönen Buch abgebildet hat, wurde von A. Berr als eine bewußte Stainer-Kopie Gobettis bezeichnet. Diese Feststellung trifft sicher auch für hier gezeigte Violinen zu (Abb. XIV, 67, 68), doch sollte man der Gerechtigkeit halber eine Einschränkung machen. Gobetti war zu genial, um immer nur wörtliche Kopien Stainers anzustreben (und wenn er es getan haben sollte, wurde er dafür bestraft). Das Häufigere scheint zu sein, daß er nur einzelne Merkmale des Jacobus Stainer übernahm, oder sie auch so stark übertrieb, daß zwar der erste Eindruck eine gewisse Analogie zu J. Stainer induziert, das Studium der Details aber die Absicht einer wörtlichen Kopie widerlegt. Unter diesem Blickwinkel muß man auch die — fälschlich Meinrad Frank in Linz zugeschriebene — Violine sehen, die Paul Klee zuletzt gespielt hat. Er hat wohl nie

65. Violine von Francesco Gobetti, Venedig, 1709
    Corpuslänge 35,3; Breiten 16,6 — 10,7 — 20,3 Kollektion Walter Hamma, Stuttgart

angenommen, daß sie — trotz eines darauf lautenden falschen Zettels — eine Jacobus Stainer sei; er nannte sie einfach seine „Tiroler" Geige. Auch wenn manche Geigenhändler davon nichts wissen wollen, kann sie, wenn man alle Merkmale unter einen Hut bringen will, kaum einem anderen als Francesco Gobetti zugeschrieben werden (Abb. 69); jedenfalls ist bislang keine plausiblere Beurteilung erfolgt.

Francesco Gobetti war nicht nur mit den Arbeiten von Jacobus Stainer, sondern auch mit denen aller anderen Meister bestens vertraut, die ihn beflügelt haben. Er besaß neben seiner starken Begabung eine so sichere Individualität, daß sie aus allen Anklängen und „Übernahmen" spricht, deren er sich bedient haben mag. Alfred Berr weist Gobetti den „Stempel der Genialität" zu, und der Respekt vor ihm ist zweifellos im Steigen.

Dazu kommt, daß er ausgesuchte und meist schöne Tonhölzer verwendet, und daß seine handwerkliche Arbeit makellos und meisterhaft ist. Die Einlagen sind schmal und ganz nahe an den Rand gelegt; Umriß, Modell und Wölbung schwanken von Instrument zu Instrument. Besonders gerühmt wird sein dunkelroter und stark aufgetragener Lack, der allerdings mitunter im Lauf der Zeit aufgehellt ist; dieses Phänomen ist bei keinem anderen großen italienischen Meister beschrieben.

Es scheint nicht, daß er mehr Violoncelli als Violinen gebaut habe (nur sehr wenige Violen sind von ihm bekannt); doch muß mit einer hohen Dunkelziffer gerechnet werden, da offenbar noch viele seiner Instrumente der Stainer-Tradition zugezählt werden. Zwei sehr typische Violoncelli zeigen die Abbildungen 72 und 73. Eine besonders schöne, ebenso imposant wie nobel wirkende Viola von Francesco Gobetti zeigt Abb 71. Wegen ihres archaischen Patrons wurde sie lange für eine Arbeit des Andrea Guarneri gehalten.

Auch in der Literatur ist die Zahl der von Gobetti abgebildeten Instrumente relativ gering. Das zeigt die Übersicht, die wir im folgenden aufführen.

Fridolin Hamma gibt in seinem Buch (1930) 3 Violinen wieder (Nr. 66 von 1714, S. 133, Nr. 67 von 1721, S. 135, und Nr. 68 von 1730, S. 135). Walter Hamma bildet 2 Violinen ab: vom Jahr 1717 auf S. 290/91 und vom Jahr 1726 auf S. 292/93. Bei Karel Jalovec finden sich 3 Violinen: Nr. 115 ohne Datum auf S. 156, eine weitere ohne Datum, von Hamma stammende, aber bei Hamma nicht abgebildete, Nr. 116 auf S. 157 und eine Violine vom Jahr 1730, Nr. 117, auf S. 158.

In den Jahrgängen von THE STRAD finden sich 2 Violinen ohne Datum: im Jahr 1914 und 1942.

66. Violine von Francesco Gobetti, (Victor K.)

Auch im Venedig-Band der Schweizerischen Expertenkommission (1977) sind nur 2 Expertisen von Gobetti-Violinen abgedruckt: einer Violine von 1714 mit Faksimile-Etikett und einer Violine vom Jahr 1729 mit Originalzettel. Beide Instrumente scheinen das hier über die Schnecken Gobettis Gesagte vollauf zu bestätigen. Der Wirbelkasten der ersten ist bis zur Schnecke gleich breit gehalten, auch geriet die erste Windung zu breit; bei der zweiten Violine verjüngt sich der Wirbelkasten so plötzlich, daß die Proportionen der wie aufgesetzt wirkenden Schnecke nicht dazupaßt; auch ihre erste Windung ist zu breit und plump.

Schließlich sei in Abb. 74 noch eine Violine vorgestellt, die — bei sehr kurzen ff-Löchern — viele Merkmale der Gobetti-Werkstatt zeigt, insgesamt aber nicht mehr von Francesco Gobetti stammen kann. Zeitlich ist sie wohl auch erst nach 1750 anzusetzen.

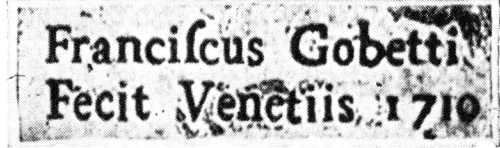

172

67. Violine von Francesco Gobetti, (Dornauer FK VIII, 1)

68. Violine von Francesco Gobetti, Kopie nach Jacob Stainer
mit neuem Lack
FK ohne Nummer

69. Zweite (spätere) Violine von Paul Klee
Stainer-Kopie eines nicht sicher zu identifizierenden
venezianischen Meisters, wahrscheinlich Francesco Gobetti,
ca. 1720/30

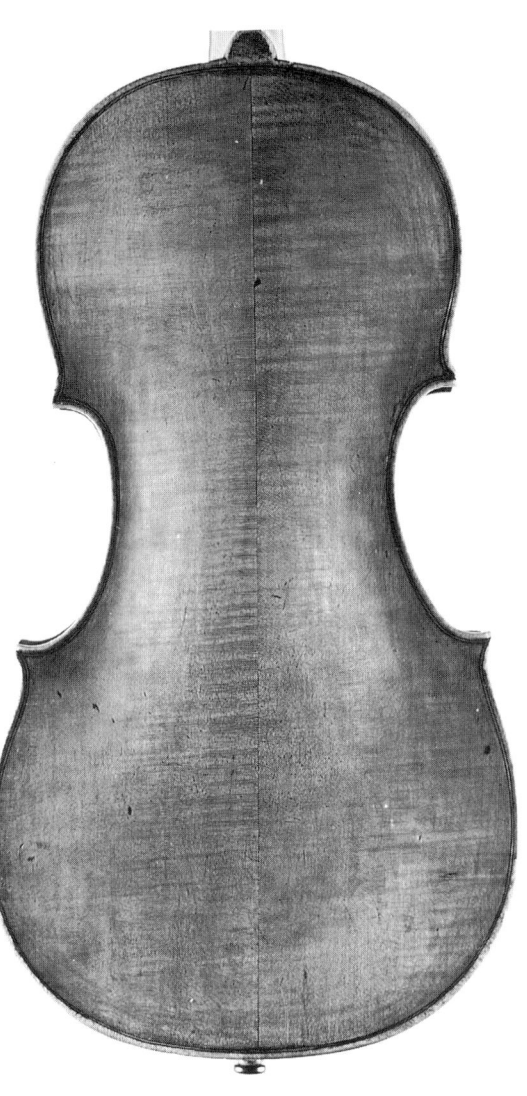

71. Viola von Francesco Gobetti, FS 9
    Corpuslänge   40,3
    Breiten   17,8 — 12,2 — 22,0
    Zargen   3,2 — 3,5 — 3,65
    Mensur   21,4
    Decke und Boden geteilt, Lack hell-mittelrot

Linke Seite:
70. Violine von Francesco Gobetti
    Museo degli Stromenti musicali, Mailand

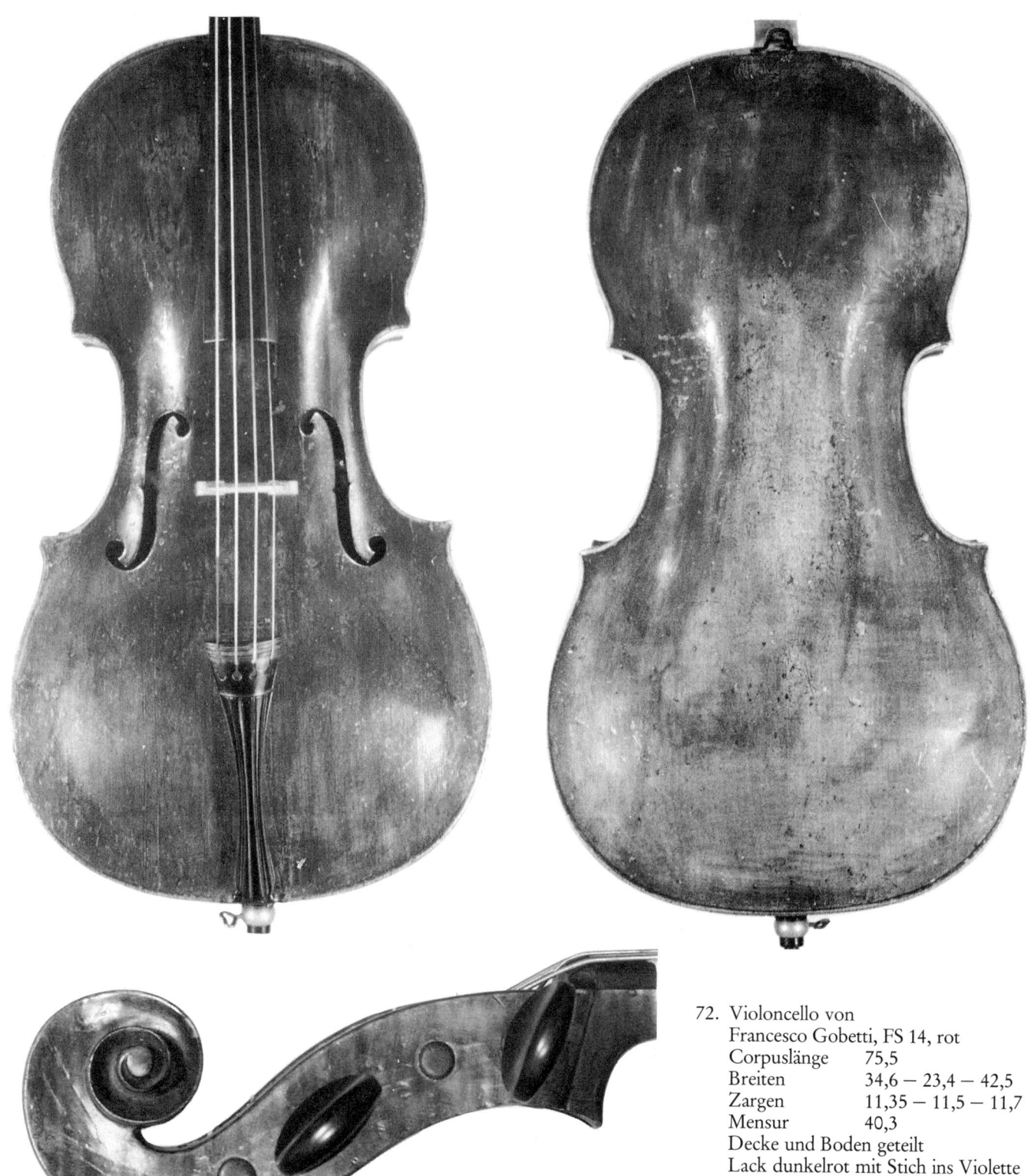

72. Violoncello von
    Francesco Gobetti, FS 14, rot
    Corpuslänge   75,5
    Breiten   34,6 – 23,4 – 42,5
    Zargen   11,35 – 11,5 – 11,7
    Mensur   40,3
    Decke und Boden geteilt
    Lack dunkelrot mit Stich ins Violette
    Schnecke sehr elegant

73. Violoncello von Francesco Gobetti
    Venedig 1725
    Corpuslänge   74,85
    Breiten   35,0 — 23,8 — 44,1
    Zargen   11,8 — 11,5 — 11,8
    Mensur   39,9
    (Graf Castell, München)

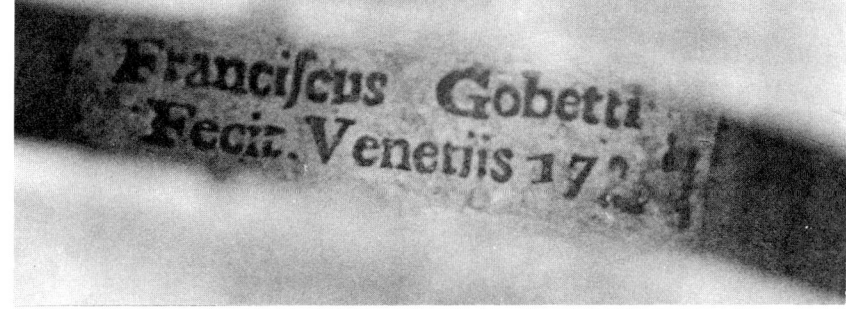

180

74. Violine der Gobetti-Schule
    FS 281
    Corpuslänge   35,75
    Breiten   16,45 — 10,55 — 20,15
    Zargen   2,65 — 2,75 — 2,85
    Mensur   19,75
    Decke und Boden geteilt
    Lack gelborange

Pietro II. Guarneri

Haben alle bisher besprochenen venezianischen Meister ihre Anregungen aus Cremona sozusagen auf Umwegen bezogen, so brachte Pietro II. Guarneri, am 16. April 1695 in Cremona geboren und dort zum Geigenbauer ausgebildet, die Tradition einer berühmten Cremoneser Werkstatt mit. Warum er diese große Tradition nicht fortsetzte und eigene Wege ging, wird man nur verstehen können, wenn das Schicksal der Casa Guarneri (die im Jahr 1740 durch den Verkauf des Hauses aufgelöst wurde), kurz rekapituliert wird.

Der Stammvater, Andrea Guarneri (1626 – 1698), erlebte den Enkel Pietro II. noch 3 Jahre. Schon einige Jahre vor der Geburt seines ältesten Enkels hatte Andrea die Führung seiner Werkstatt seinem zweiten Sohn Joseph, genannt Filius Andreae (1666 – 1739/40) überlassen. Übernehmen und erben sollen, hatte sie aber Andreas ältester Sohn Pietro I. (1655 – 1720), sein Lieblingskind. Der war jedoch, gerade fertiger Meister geworden, im Jahr 1680 ohne jede Vorankündigung aus Werkstatt und Stadt weggegangen und war einige Jahre später in Mantua als Musiker des Hofes der Gonzaga und (nebenbei) als Geigenbauer aufgetaucht. Andrea Guarneri hat seinem ältesten Sohn Pietro I. diese Enttäuschung, diesen „Verrat" an der Familientradition, nie vergeben. Immer hat er gehofft, er käme zurück; lange benachteiligte er den zweiten Sohn Joseph in seinem Testament, ehe er ihm schließlich nicht nur zum Verwalter, sondern zum Erben der Werkstatt einsetzte.

So ganz froh scheint Joseph Guarneri, Filius Andreae, dann seines Erbes nicht geworden zu sein. Solange der Vater lebte, grollte der und wünschte den Erstgeborenen zurück; als der Vater tot war, fand sich Joseph plötzlich Schülern und Mitarbeitern gegenüber, die ihn an Begabung überragten und ihm die eindeutige und maßgebliche Führung der Guarneri-Werkstatt immer schwerer machten: sicher nicht absichtlich und schon gar nicht in einer offenen Revolte, aber doch vom Rang ihres Könnens und ihrer inspirativen Kraft her gesehen.

Carlo Bergonzi (1683 – 1747) war noch unter dem Vater Andreas, etwa um 1693, in die Werkstatt eingetreten und verließ sie im Jahr 1712, nachdem er gut 14 Jahre ausschließlich unter den Auspizien von Joseph Guarneri gearbeitet hatte. Den hatte er aber an Meisterschaft längst übertroffen; es scheint heute nicht mehr zweifelhaft, daß er von etwa 1708 bis zu seinem Ausscheiden im Jahr 1712 der Spiritus rector der Guarneri-Werkstatt gewesen ist. Er hatte ideell zudem die Oberhand: denn seinen fortschrittlichen Ideen folgten die mit ihm arbeitenden beiden Guarneri-Söhne, Pietro II. und Joseph, der spätere del Gesù, bereitwillig. Vor allem der jüngere und geniale Joseph dachte und arbei-

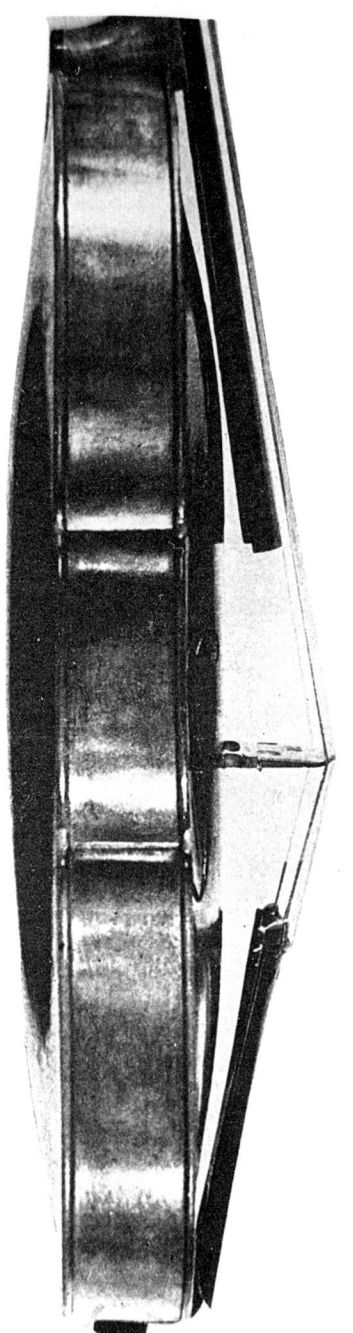

75. Violine von Pietro II. Guarneri, Cremona, 1721
Das erste von ihm bekannte Instrument
Nach Hill: The Guarneri-Family, London, 1930

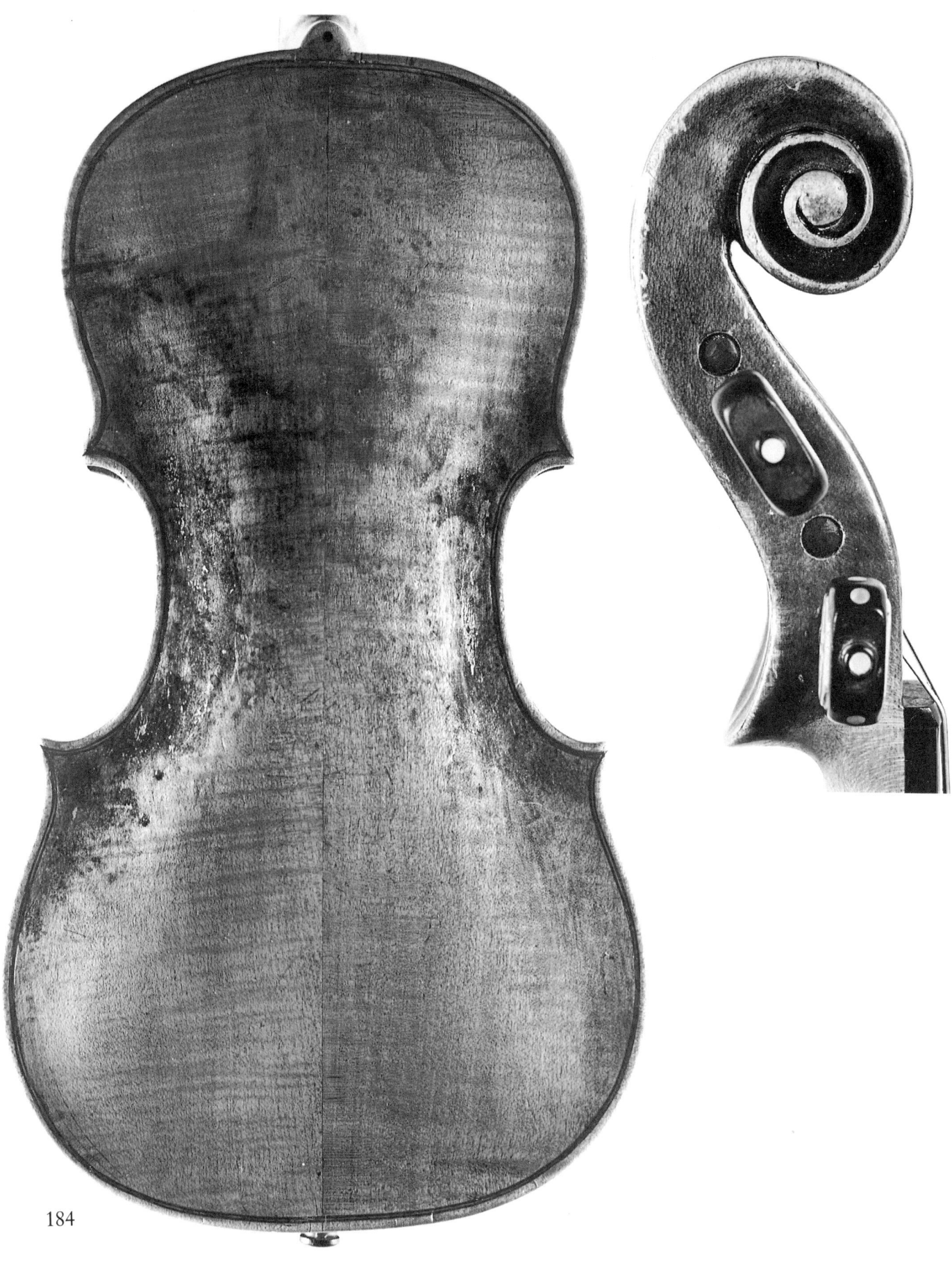

184

76. Violine von
    Pietro II. Guarneri ca. 1721 - 25
    früh (Stainer), schlechte Decke, FS 61
    Corpuslänge   36,0
    Breiten   16,55 — 11,35 — 20,2
    Zargen   3,1 — 3,2 — 3,15
    Mensur   19,2
    Originalhals, Decke und Boden geteilt
    hochgewölbt, Corpus eckig,
    Lack: Boden gelb bis braun
    Decke rötlich-braun

tete völlig in den Kategorien des Carlo Bergonzi, und es ist möglich, daß er, als der noch bedeutendere künftige Meister, seinerseits den Bergonzi mehr angeregt hat als dieser ihn.

Als dann Carlo Bergonzi im Jahr 1712, 29jährig also, sich in Cremona selbständig machte, gerieten die beiden Brüder, 17- und 14jährig, wieder unter die ausschließliche Observanz des inzwischen fast 50jährigen Vaters. Ihm wäre es nicht zu verdenken gewesen, wenn er die der Werkstatt-Tradition widerstrebenden Tendenzen der jüngeren Generation wieder ins hergebrachte Geleise hätte bringen wollen. Das kann in sehr verbindlicher, wenn auch nicht minder deutlicher Weise geschehen sein; und die beiden Brüder hatten sich in jedem Falle zu fügen, da sie weder volljährig noch Meister waren. Von 1713 bis zum Jahr 1718, arbeiteten die drei Guarneri, der Vater Joseph und seine beiden Söhne Pietro II. und Joseph, gemeinschaftlich in der Werkstatt: es war die letzte große Zeit der Guarneri-Familie, zumindest nach außen hin. Nach innen aber wurde der Konsens wohl nur mühsam aufrecht erhalten.

Im Jahre 1719 aber bricht Pietro II. Guarneri aus der väterlichen Werkstatt aus, genau so abrupt und ohne Voranzeige wie es sein gleichnamiger Onkel im Jahr 1680 getan hatte. Auch er, der 1719 und 1720 nicht im Familienzensus der Guarneri in Cremona aufgeführt ist, bleibt fast zwei Jahre verschollen, bis man dann nach dem Tode des Pietro I. in Mantua (Februar 1720) erfährt, daß sein Neffe Pietro II. sich vorübergehend seiner verwaisten Werkstatt angenommen hat und in ihr bis Mitte 1721 unfertig gebliebene Arbeiten zu Ende führt. Es liegt nahe, zu folgern, daß Pietro II., nach dem Verlassen Cremonas schon gleich zu seinem Onkel kam: Der zweite Abtrünnige der Familie fand Verständnis, Unterkunft und Arbeit bei dem ersten Ausbrecher. Vielleicht hat ihn Pietro I. auch gerufen, denn das Verhältnis zwischen den beiden war immer gut (und offenbar besser als zwischen Pietro II. und seinem Vater). Vielleicht war er schon krank und kam mit der Arbeit nicht mehr voran; man vergesse nicht, daß er neben seiner Werkstatt immer noch fürstlicher Hofmusiker war; erst als Violinist, später als Anführer der Bratschen.

Es spricht für die offenbar noch nicht abgebrochenen Beziehungen zwischen Pietro II. und seinem Vater Joseph, daß Pietro II. nach Abschluß seiner Arbeiten beim Onkel dessen verwaiste Werkstatt nicht übernahm (Werke hat er in Mantua nie signiert, da es ja nicht seine Werkstatt war); im Gegenteil, er kehrte im Jahr 1721 in die Werkstatt des Vaters zurück. Möglicherweise war sein jüngerer Bruder Joseph die stärkste Anziehungskraft; mit ihm verstand er sich mindestens ebenso gut wie mit seinem Onkel. Vielleicht wollte er noch eine Zeitlang um und mit ihm sein, ehe der, wie zu erwarten stand, seine eigenen Wege ging.

186

77. Violine von Pietro II. Guarneri
    Corpuslänge   34,85   Zargen   3,15 — 3,05 — 3,15
    Breiten   16,1 — 11,05 — 19,35   Mensur   19,5
    Boden ganz, Decke geteilt
    Risse weitgehend repariert
    Lack: Boden gold
    Decke goldbraun
    Zuweisung E. M. W. Paul, London   187

Vom Jahr 1721 datiert die einzige erhaltene Violine, die Pietro II. in Cremona gebaut hat (Abb. 75). Wie lange diese neue Arbeitsperiode und die nochmalige Zusammenarbeit mit Vater und Bruder in Cremona gedauert hat, wissen wir nicht. Sicher ist indessen, daß sie spätestens nach der Verselbständigung des Bruders ein Ende fand. Im Lauf des Jahres 1723 gründete Joseph, der spätere del Gesù, in dem Sprengel San Domenico eine eigene Werkstatt; unbekannt ist jedoch, ob Pietro II. dieses Ereignis abgewartet hat, oder ob er vorher, gleichzeitig oder anschließend, seine Werkstatt in Venedig gründete. Es ist frühestens Ende 1721 gewesen (das würde heißen, nach einem mißlungenen Versuch der nochmaligen Zusammenarbeit mit dem Vater), wahrscheinlicher aber erst in den folgenden zwei Jahren, allerspätestens im Jahr 1724.

Die Hills betonen in ihrem Standardwerk über die Guarneri-Familie, daß es vor allem die unzureichenden Erwerbsmöglichkeiten waren, die Pietro II. Guarneri veranlaßten, eine gewinnverheißende Arbeitsstätte außerhalb Cremonas zu suchen. Daran ist richtig, daß er es nicht für ratsam hielt, den Konkurrenzkampf mit den drei Stradivaris, mit C. Bergonzi, mit seinem genialen Bruder Joseph und dazu mit seinem alternden Vater aufzunehmen. Aber daneben gab es das mindestens ebenso starke Motiv, nach eigenen und vielleicht neuen Richtlinien zu arbeiten und den Zwang abzuschütteln, den die Tradition und sein Name für ihn bedeuteten. Daß er sorgsam wählte, beweist der Umstand, daß er nicht in Mantua blieb und sich nicht ins gemachte Nest der Werkstatt seines verstorbenen Onkels setzte; denn auch damit wäre er der Guarneri-Tradition weiterhin verpflichtet geblieben. Er war auch keineswegs ein Außenseiter, der sich nicht in eine Familientradition hätte einfügen können oder in einer Gemeinschaft mit anderen nicht leben konnte. Er war sogar überaus gesellig und verträglich, wie seine guten Beziehungen zum Onkel und zum Bruder und wie es auch seine späteren Freundschaften in Venedig beweisen. Aber er brauchte einen neuen Anfang, dazu in einer animierenden und motivierenden Umgebung. Und dafür kam in den zwanziger Jahren des 18. Jahrhunderts, zumal wenn man aus einem kleinen Stadtstaat kam, eigentlich nur Venedig in Frage.

Infolge der günstigen musikalischen und musikhandwerklichen Vorbedingungen wurde seine Niederlassung in Venedig, die wie gesagt frühestens Ende 1721, spätestens Anfang 1724 stattfand, schnell zu einem großen Erfolg. Zu seiner Tüchtigkeit als Geigenbauer kamen seine Kontaktfähigkeit und sein freundliches und aufgeschlossenes Wesen. Pietro II. Guarneri verstand sich gut mit allen seinen geigenbauenden Kollegen, vor allem mit Domenico Montagnana, ferner auch, wie die Hills betonen, mit dem aus Bologna zugezogenen Carlo Antonio Tononi. Eng waren auch die Beziehungen zu Santo Serafin, dem er, obgleich er nur 4 Jahre jünger war, nicht nur Freund, sondern auch Mentor gewesen zu sein scheint. Lebhaft und eng blieben die Beziehungen des Pietro II. zu seinem jüngeren Bruder Joseph (gen. del Gesù) in Cremona; die beiden scheinen einen intensiven Austausch zwischen Cremona und Venedig begründet und unterhalten zu haben. Nur bei so engen Beziehungen war es denkbar, daß Joseph Guarnerius del Gesù zu einer beschädigten Violine des D. Montagnana eine neue Decke machen konnte (Abb. 56). Ein solcher Dienst, soll er nicht als Eingriff empfunden werden, setzt ein ebenso großzügiges wie herzliches Einvernehmen voraus.

Am 5. April 1728 heiratete Pietro II. Guarneri Angiola Maria Ferrari, eine Bürgerstochter der Stadt und wurde so auch politisch zum Venezianer.

Wenn man die Entwicklung des Cremonesers Pietro II. Guarneri zu einem venezianischen Geigenbauer verfolgt, muß man freilich sagen, daß er schon in seiner Cremoneser Zeit — aus der nur die genannte Violine vom Jahr 1721 überliefert ist — nicht nur ein gelehriger Schüler seines Vaters war. Diese Violine, die bei Hill zwischen Seite 134 und 135 ganzseitig abgebildet wurde (woraus Abb. 75 entnommen ist), tauchte vor kurzer Zeit wieder im Handel auf. Am 3. April 1985 wurde sie bei Sotheby in London versteigert und auf der Titelseite des Katalogs (ausschließlich die Decke) abgebildet (Abb. 75).

Diese Violine zeigt in ihrem Patron und in anderen Belangen stärkere Züge von Bergonzi und Joseph Guarneri del Gesù. Zwar hat auch Joseph Guarneri (der Vater) mitunter ein mehr schlankes, an Brescia gemahnendes Patron gewählt, doch nicht so ausgesprochen, wie es hier der Fall ist. Das schmale, lange Modell mit den spitzen Ecken und den sehr gestreckten ff-Löchern weist deutlicher auf Carlo Bergonzi und Guarneri del Gesù hin als auf den Vater Joseph Guarnerius.

Hat diese Violine von 1721 trotz alledem insgesamt noch ein Cremoneser Gesicht, so huldigt Pietro II. in Venedig, vom Genius loci angesteckt, erst einmal unverhohlen Jacobus Stainer. In Abb. 76 ist ein ganz offensichtlich frühes Werk aus Venedig gezeigt, in dem das überschlanke Patron gleichsam venezianisch gewandet wird: stumpfe Ecken, schmale C-Bügel, steile ff-Löcher sind Jacobus Stainer verpflichtet, während die robuste Schnecke von Goffriller oder Montagnana stammen könnte.

Man darf aber daraus nicht folgern, daß es so bleiben müßte. Pietro II. zeigt immer wieder eine überraschende Vielfalt der Einflüsse mit wechselnder Mischung. Eine Beschreibung seines Stils läßt sich daher nur sehr summarisch wagen; Abweichungen sind immer möglich.

Das überschlanke Patron wird bald gedrungener, wobei ein deutlicher Unterschied zwischen Ober- und Unterteil eintritt; das Unterteil wird gegen das

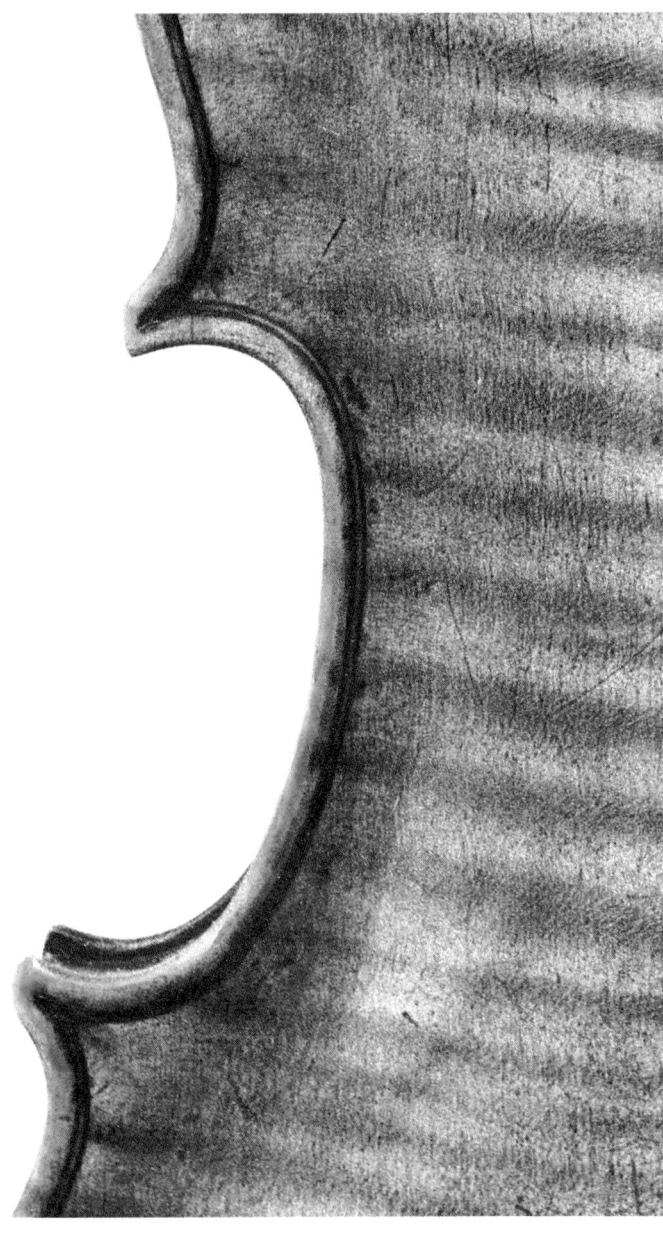

190

78. Violine von Pietro II. Guarneri
    Venedig, 1723
    „Ex Wieniawsky – Ex Hubay"

191

Oberteil breit und ausladend. Die oberen und unteren Bögen dieser Teile sind nur ausnahmsweise exakt rund, sie können mehr kantig, bauchig, gestreckt oder teilweise wie horizontal gerade gezogen wirken (Abb. 76, 85-87). Fast immer findet man in seinen Rundbögen solche flachen, fast unbeholfen wirkenden Stellen, die umso mehr erkennbar sind, als im Umriß selten eine volle Symmetrie herrscht (Abb. 75, 78, 79). Die C-Bügel bleiben bis zuletzt der Stradivari-Werkstatt nachempfunden (Abb. 81). Die Ecken sind meist nicht sehr betont, mitunter sogar stumpf (Abb. 76, 77, 85, 86), doch manchmal sind sie sogar fast übertrieben spitz (Abb. 78, 79, 80). Dann tritt eine gewisse Ähnlichkeit mit Santo Serafin zutage, dessen zwingende Eleganz des Umrisses Pietro II. Guarneris Instrumente im allgemeinen nicht aufzuweisen haben.

Pietro II. ändert in Venedig auch die Relation von Wölbung und Hohlkehle. Letztere macht er tiefer als in der Guarneri-Werkstatt üblich, die Wölbung der Decke aber höher. Damit diese Erhöhung nicht allzu deutlich wird, tarnt er diese an sich höhere Wölbung durch eine flache Zone der Decke unter dem Steg überaus geschickt (Otto v. Schulmann). Bei dem Boden, der sehr häufig stärker gewölbt ist als die Decke, zeigt er die Wölbung ohne Vorbehalt.

Die ff-Löcher des Pietro II. Guarneri sind sehr verschieden; viele zeigen in ihrer Länge und Stellung den Einfluß des jüngeren Bruders. Es gibt kurze und steile (sehr typisch für Venedig, (Abb. 82, 85), lange und steile, dabei in den Trauben wenig geschwungene (Abb. 86), lange, schräge, gegen die Trauben stark geschwungene, dabei sehr elegant geschnittene, in der Breite an- und abschwellende (Abb. 82, 83, 87). Jedenfalls ist die Cremoneser Norm (soweit es eine solche bei den Guarneris gab) nicht mehr festzustellen.

Auch seine Schnecken erfahren in Venedig eine Veränderung. Sie hatten bislang Mittelgröße bei regelmäßigen, weitgehend konzentrischen Windungen. Sie waren sozusagen in Höhe und Breite ausgeglichen. In Venedig tritt nun eine mehrfache Abänderung ein. Zum ersten werden die Schnecken größer (Abb. 76, 78, 80, 85, 86), zum anderen sind Höhe und Breite nicht mehr ausgeglichen (Abb. XX, 76, 80, 81, 83, 85, 87). Die Tradition der wuchtigen Schnecken, die Goffriller in Venedig gegründet hatte, und die Montagnana in nicht ganz so ausgesprochener Weise fortgeführt hatte, bleibt erkennbar.

Andererseits ist die ovale Schnecke mit dem senkrechten Durchmesser ein „Tiroler" Wertzeichen, das sich sozusagen in Abänderung der Stainer-Tradition entwickelt hatte. Niemals ist eine Schnecke von Pietro II. Guarneri so ausladend, nach hinten geneigt, in die Quere wuchtend, wie eine typische von Goffriller; aber andererseits ist keine Schnecke des Pietro II. so schulmäßig geformt wie in der Guarneri-Schule um 1720.

79. Violoncello von Pietro II. Guarneri
Venedig, 1740
Kollektion Hamma

192

193

Seine Violinen sind nicht immer so sorgfältig gebaut wie diejenigen seines überaus genauen Onkels in Mantua; die Holzwahl ist vom Ästhetischen her gesehen nicht immer die beste. Aber vom Ton her übertreffen seine Instrumente diejenigen des Onkels bei weitem. Es scheint, daß inzwischen Pietro II. an Wertschätzung den Großvater Andrea, den Vater Joseph und den Onkel Pietro übertrifft, und daß er in der Skala gleich nach seinem genialen Bruder Joseph Guarnerius del Gesù angesiedelt ist.

Der Lack von Pietro II. Guarneri bekam in Venedig zumindest substantiell die Merkmale dieses Zentrums. Koloristisch blieb er mehr Cremona verpflichtet, denn seine allermeisten Instrumente sind gelb oder goldgelb lackiert (Abb. XX). Nur wenige gehen ins Rötliche, wie etwa das bei Sotheby's in London am 3. April 1985 versteigerte Violoncello, dessen Lack als „rotbraun" bezeichnet wird (Abb. XVII). Tiefrote Nuancen können bei Pietro II. Guarneri fast ins Schwärzliche gehen, wie etwa bei der in Abb. 84 nur s/w abgebildeten Violine, die eine nachträgliche Besonderheit aufweist. An der offenbar beschädigten Decke wurden später an mehreren Stellen, unmittelbar innerhalb der Einlage, dreieckige Zwickel eingefügt, die nach dem Prinzip des „Zäpfens" sowohl einen Substanzverlust ersetzen als auch die Stabilität der Decke wiederherstellen sollten.

Das Gelb des Lackes von Pietro II. Guarnerie kann recht dunkel, mehr ins Bräunliche gehen wie bei der Violine der Nr. XX, oder in einen orangeroten Farbton, wie bei der berühmten Violine „Ex Baron Knoop". Ihr heutiger Besitzer, Paolo Peterlongo, bildet sie auf S. 152/153, Nr. VIII in seinem Buch ab (sie befindet sich auch im Geigenbuch von Walter Hamma 1964).

Auch die Führung und Verarbeitung der Einlagen zeigt den großen Meister. Die meist gleichmäßig breiten Späne (nach der Ansicht von Walter Hamma mitunter zu breit) sind bis in die äußersten Spitzen, sogar fast in deren seitlichen Umschlag gezogen. Das ist indessen ein Merkmal, das sich bei allen großen Meistern Venedigs findet.

Ob Pietro II. Guarneri Kontrabässe gebaut hat, ist nicht mit Sicherheit erwiesen. Besonders gerühmt werden indessen seine Violoncelli (vor allem G. Hart tat es). Die Abbildungen 79, 87, XX beweisen den herausragenden Rang dieser Instrumente. Auch diese Besonderheit, in den Violoncelli zu exzellieren, beweist, wie sehr Pietro II. Guarneri ein Venezianer wurde, auch wenn O. v. Schulmann meint, er sei immer ein Guarneri (und damit ein Cremoneser) geblieben.

Er wurde sogar Venezianer in einem Sinne, der manchem Leser ungeläufig sein mag; nämlich in der Stainer-Nachfolge. Um sein Bild zu runden, müssen aber auch einige dieser atypischen Violinen des Pietro II. Guarneri gezeigt

194

80. Viola von Pietro II. Guarneri, 1745
    Corpuslänge (B) 39,75
    Breiten   19 — 12,60 — 23,90
    Zargen   2,95 — 3,35
    Mensur   21,30
    Decke und Boden geteilt, Boden Halbschwarte
    Lack orange-braun auf altgoldenem Grund
    Koll. Sprenger, I, S. 121 - 125

195

81. Violine von Pietro II. Guarneri
Venedig, 1745

82. Violine von Pietro II. Guarneri, Venedig, 1746, Kollektion W. Hamma

198

83. Violine von Pietro II. Guarneri
    (Smetana-Quartett), ca. 1740-50
    FS 116
    Corpuslänge   35,45
    Breiten   16,35 — 10,85 — 20,25
    Zargen   2,85 — 2,95 — 3,05
    Mensur   19,0
    Lack orange, vielleicht Überlack
    Schnecke nicht original, aber alt

84. Violine von Pietro II. Guarneri
   stark repariert, „angespitzelt", FS 214
   Corpuslänge (B)   34,9
   Breiten   16,75 – 11,0 – 20,2
   Zargen   3,1 – 3,1 – 3,05
   Mensur (F-Mitte) 19,4
   Decke und Boden geteilt, Decke mehrfach „angespitzelt"
   Lack: helles Gelbbraun, farbloser Überlack

Violine von Pietro II. Guarneri
FS 214
Details aus der Decke von Nr. 84
spätere dreieckförmige Einsätze
innerhalb der Einlage, offenbar nach Beschädigung
als Ergänzung und Stabilisierung

werden, die teilweise eine nahezu wörtliche Übernahme, teilweise eine freie
Variation darstellen (Abb. 76, 83). In Venedig wurde zwischen 1720 und 1730
eben noch in großem Umfang Jacobus Stainer kopiert; auch Pietro II. Guarneri hatte sich mit dieser Praxis auseinanderzusetzen. Aber auch diese dem großen Tiroler nachempfundenen Violinen des Pietro II. zeigen seine kantigen,
der vollkommenen Rundung widerstrebenden Umrisse (Abb. 76, 77).

Pietro II. Guarneri starb am 19. April 1762 in Venedig. Seine Frau überlebte
ihn bis 1777, sein Sohn Giuseppe (hier war Joseph del Gesù ganz offensichtlich
Taufpate) bis 1790. Der Beruf des Sohnes ist nicht überliefert; gewiß ist nur,
daß er nicht Geigenbauer wurde.

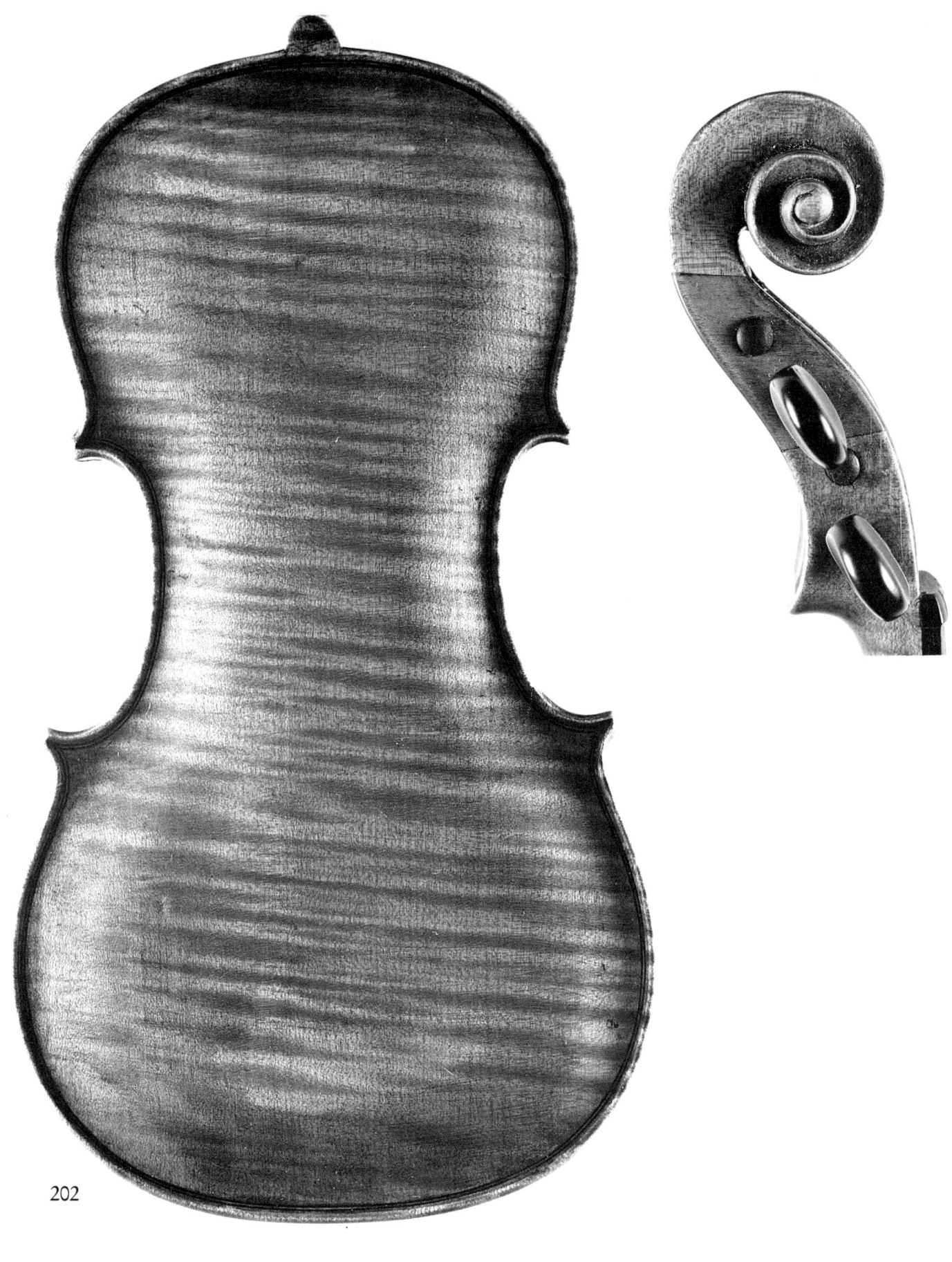

202

85. Violine von Pietro II. Guarneri
    Venedig, FS 98
    neuer Lack
    in offenem Zustand
    Corpuslänge   35,55
    Breiten   16,65 − 11,3 − 20,25
    Zargen   3,15 − 3,1 − 3,15
    Mensur   19,0
    Decke geteilt, Boden ganz
    Decke schwach, Lack neu, rötlich-hell
    Einlagen ziemlich breit

86. Violine von Pietro II. Guarneri
 ca. 1725 - 35, FS 24, mächtige Schnecke
 Corpuslänge   35,75
 Breiten   16,6 — 11,3 — 20,35
 Zargen   3,15 — 3,15 — 3,2
 Mensur   19,5
 Decke und Boden geteilt
 Hals ersetzt
 Lack dunkelgoldgelb

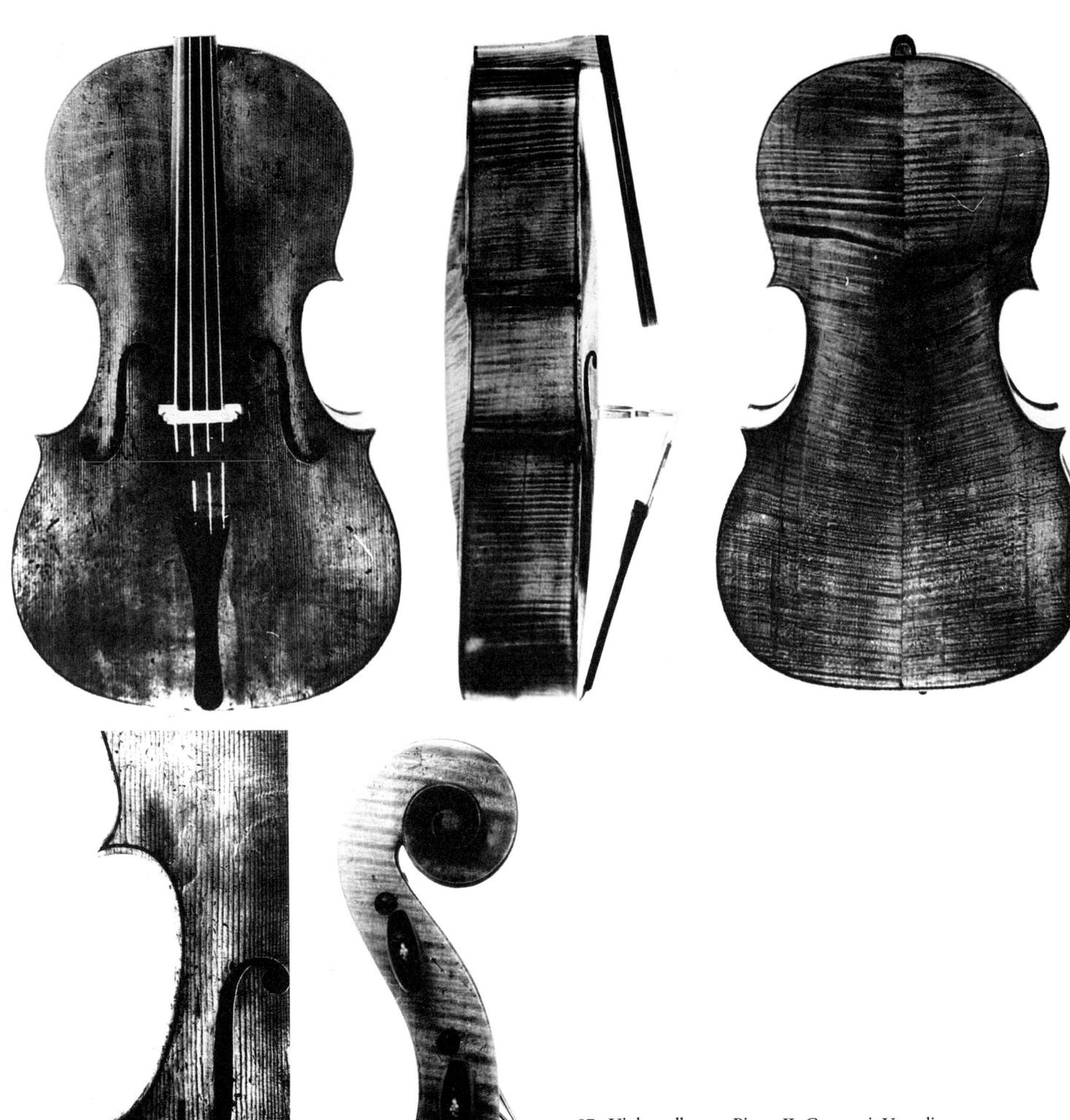

87. Violoncello von Pietro II. Guarneri, Venedig
Kollektion W. Hamma

Santo und Giorgio Serafin

Bei diesen beiden venezianischen Meistern handelt es sich nicht um Vater und Sohn, sondern um Onkel und Neffen. Santo Serafin (Seraphin) war der wesentlich Bedeutendere, Giorgio, der wohl auch der Schüler Santos war, steht in dessen Schatten.

Santo Serafin

Alle bisherigen Angaben über Geburtsort und Lebensdaten blieben, insofern sie auf bloße Vermutungen angewiesen waren, unverbindlich und in den einzelnen Schätzungen auch sehr widersprüchlich. Ein solides Fundament verdanken wir wieder einmal E.M.W. Paul, der sein Geburtsjahr und seinen Geburtsort aktenkundig gemacht hat (mitgeteilt am 17. Okt. 1960 an O. v. Schulmann). Santo Serafin ist nicht in Tirol, und schon gar nicht 1665, wie E. Doring noch 1945 vermutet hat, in unmittelbarer Nähe Absams geboren, sondern im Jahr 1699 in Udine. Diesen Geburtsort hatten schon R. Vannes, F. und W. Hamma vermutet.

Der historischen Wahrheit sehr nahe kamen — vor den Forschungen Pauls — die Hills, die von sich aus Santo Serafins Geburt ins Jahr 1699 ansetzten und seine Arbeitszeit in Venedig ab 1717 angegeben haben.

Das Ende seiner Arbeitszeit scheint nicht belegt zu sein, doch ist es nach 1760 anzusetzen. M. Möller gibt das letzte datierte Instrument des Santo Serafin, ein Violoncello, mit 1758 an; hier wird eine Violine aus der Sammlung Hamma abgebildet (Abb. 95), die in das Jahr 1760 datiert ist. Sein Freund Pietro II. Guarneri, der 1724 nach Venedig gekommen ist, starb im Jahr 1762; wir wissen nicht, ob und wie lange Santo Serafin ihn überlebt hat.

Immerhin scheint es wichtig zu sein, daß die Hypothesen einer über 30 Jahre früheren Geburt (Doring vermutete 1665, Vannes 1668), die die ganze Chronologie der venezianischen Meister durcheinander gebracht haben, endgültig widerlegt ist. Denn nach diesen beiden Experten wäre Santo Serafin gleichaltrig mit Matteo Goffriller gewesen und rund 100 Jahre alt geworden. Und das kann weder historisch, noch stilistisch stimmen.

Somit kann auch die alte Vermutung, Santo Serafin sei ein Schüler des Nicola Amati gewesen (der 1684 starb), ad acta gelegt werden. Er hat sein Handwerk mit hoher Wahrscheinlichkeit in Venedig gelernt; bei welchem Meister, ist nicht bekannt. Da es aber Santo Serafin mit dem Beginn der selbständigen Arbeit nicht eilig gewesen zu sein scheint (denn es sind vor 1730 keine Instrumente von ihm bekannt), könnte er sehr wohl ein Schüler des ihm nahe befreundeten, nur zwei Jahre älteren Pietro II. Guarneri gewesen sein. Dafür würden auch stilistische Merkmale seiner Arbeit sprechen.

Von den hier neu vorzustellenden Instrumenten des Santo Serafin ist keines vor 1730 gebaut. Auch in der Literatur überwiegen die Instrumente, die ein späteres Baujahr als 1730 aufweisen. Die in THE STRAD abgebildeten 6 Violinen stammen von ca. 1730, 1737, 1742, 1745; ein Violoncello trägt nur die 17 des Jahrhunderts. Bei Jalovec (Italienische Geigenbauer, 1957) findet sich eine Violine vom Jahr 1709; diese Abbildung ist freilich Fridolin Hamma (Nr. 147 auf S. 251) entlehnt, der außerdem unter Nr. 148 auf der gleichen Seite 251 noch eine Violine des Santo Serafin vom Jahr 1721 abbildet. Fridolin Hamma, der das Geburtsjahr des Santo Serafin (im Gegensatz zu Walter Hamma) bereits richtig mit 1699 ansetzte, muß sich hier geirrt haben: ein Zehnjähriger baut noch keine Violine; vor allem, er bezettelt sie nicht. Bei allem gebührenden Respekt vor dem großen Kenner dürfen beide Datierungen bezweifelt werden. Walter Hamma hat in seinem Nachfolgebuch ein Violoncello des Santo Serafin von 1732, und je eine Violine von 1742 und 1743 abgebildet.

Jalovec zeigt eine von der Firma Hamma übernommene Violine vom Jahr 1725; die früheste der von Max Möller in „Violins & Violinists" beschriebenen Violinen stammt vom Jahr 1728. Aus dem Jahr 1732 hat Max Möller sowohl eine Violine als auch ein Violoncello beigesteuert. Weitere von ihm beschriebene Violinen des Santo Serafin sind von 1730 – 35, 1737 und 1744. Die Violine von P. Peterlongo schließlich (Tafel VIII, S. 150) stammt aus dem Jahr 1740 (leider gibt Peterlongo die Lebensdaten des Santo Serafin nicht richtig an).

Max Möller hat in „Violins & Violinists" zwischen 1945 und 1950 insgesamt 5 Violinen (1728, 1732, 1730 – 35, 1737, 1744) und 1 Violoncello (1732) des Santo Serafin abgebildet und besprochen. Diese Instrumente umfassen also die frühe und mittlere Arbeitsperiode des Meisters.

Somit darf man mit Recht annehmen, daß sich Santo Serafin ausgiebig an den Meistern, die zwischen 1715 und 1730 in Venedig wirkten, orientiert und geschult hat. Für ihn waren die gleichen Vorbilder maßgeblich, die – auch außerhalb der Lagunenstadt – für den schließlichen venezianischen Stil bedeutungsvoll wurden: Jacobus Stainer und von Cremona wohl am meisten Francesco Ruggeri, aber selbstverständlich auch Stradivari.

Selbst wenn wir Santo Serafins Vorbilder und Meister genauer kennten als wir es vermuten und aus seinem Stil ableiten müssen, haben wir dennoch keine Erklärung dafür, warum sich aus dem Überkommenen und den dazugefügten eigenen Ingredienzien gerade der besondere Stil des Santo Serafin so und nicht anders ausgeformt hat.

Insgesamt scheint es, wenn man die Urteile über ihn recht versteht, als hätte er es besonders gut verstanden, sich mehr mit Andeutungen und deren Ausspinnung als mit wörtlichen und nachweisbaren Übernahmen zu artikulieren.

88. Violine von Santo Serafin
aus: THE STRAD 85, p. 160

209

Wobei ihm das Verstecken umso besser gelang, als er sowohl handwerklich-künstlerisch als auch stilistisch eine überzeugende Einheit zwischen den Details und der Gesamtkomposition herzustellen wußte.

Es ist wohl vertretbar festzustellen, daß das, was man letztendlich unter dem Geigenbau-Stil Venedigs im 18. Jahrhundert versteht, durch niemand anderen verbindlicher oder vollgütiger repräsentiert wird als durch Santo Serafin. Er hat es verstanden, alle Vorbilder und seine eigene Erfindungskraft zu einem Modell zu läutern, das stilistisch die Inkarnation des venezianischen Geigenbaus in reinster Form darstellt.

Dazu mögen einige Stimmen aus der Literatur gehört werden:

Lütgendorff, Berr u. a. stellen fest, daß die handwerkliche Meisterschaft Santo Serafins nur von A. Stradivari übertroffen werde. Fridolin Hamma bezeichnet den Umriß seiner Instrumente als „gefällig". Max Möller (1960) findet, daß Santo Serafin „in jedem Detail durch und durch raffiniert" sei und er fährt fort: „Das ganze Spiel der Proportionen und Linien zeigt eine unnachahmliche Einheit und Harmonie." Möller sagt weiter, die Umrißlinien der Instrumente Serafins seien denen des A. Stradivari ähnlich.

Arthur Dykes schreibt (1930) Santo Serafins Instrumenten einen „magic charme" zu und schreibt: „ . . . man muß einen wahren Triumph der Schönheit feststellen, denn selbst die Instrumente von Stradivari sind nicht immer so offenkundig und verblüffend wunderbar."

Bemerkenswert ist auch, daß es von keinem anderen venezianischen Meister so wenig verkannte Instrumente zu geben scheint als von Santo Serafin. Sein Stil ist nahezu immer so sinnfällig, daß er nicht verwechselt wird. Dabei geht es offenbar nicht so sehr um die Einzelheiten, als um das sofort erkennbare „Gesicht".

Dennoch müssen wir uns den Einzelheiten zuwenden.

Wenn wir die Besonderheiten im Patron und in der Arbeitsweise des Santo Serafin beschreiben sollen, müssen wir davon ausgehen, daß viele Einzelheiten — ohne wörtliche Übernahme — an Jacobus Stainer erinnern: die entschiedenen, sehr kurvig gezogenen C-Bügel, die weit vorstehenden Ecken, die starke Wölbung der Decke. Die meist tiefe, aber nie unschöne Hohlkehle (Abb. 93, XXI) gemahnt nicht nur an Amati, sondern ebenso an Stainer. Ihm am ähnlichsten sind die meist kurzen und steilen ff-Löcher (Abb. 88, XXI, 97); es gibt aber auch längere, vor allem zu sehen an den beiden undatierten Violinen, die Jalovec im zweiten Band seiner „Enzyklopädie" (1965) in Abb. 153 und 154 auf S. 198 abgebildet hat. Diese ff-Löcher des Santo Serafin sind ein Mittelding zwischen Stainer und Francesco Ruggeri, mit der Besonderheit, gelegentlich auch ein wenig an Antonio Stradivari zu erinnern (Abb. 91, 93, 96).

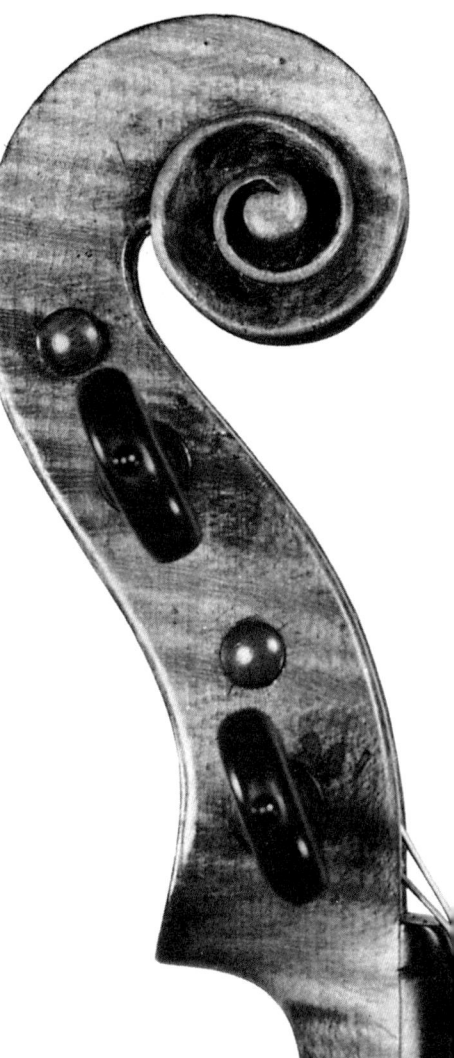

89. Violine von Santo Serafin, Venedig, 1732

Die Schnecke ist in der gesamten Anlage zwar auch in der Art von J. Stainer angelegt, aber sie zeigt weitere Analogien. Die fast konzentrisch wirkende Rundung der Windungen erinnert an Stradivari, die Größe und Mächtigkeit der Schnecke ist jedoch ein venezianisches Merkmal. Nie ist eine Schnecke des Santo Serafin so wuchtig, nach hinten geneigt und nach der Quere orientiert wie bei Goffriller; aber sie hat eine Größe, die ihr Nachdruck und Würde verleiht (Abb. 89, 93, XXI, 95). Selten liegt die Hauptachse der Windungen in der Senkrechten (Abb. 88, XXI, 95). Der Wirbelkasten zeigt eine starke S-förmige Krümmung, die Verjüngung gegen den Beginn der ersten Schneckenwindung ist nicht immer sehr ausgeprägt (Abb. 89, 93, 94, XXI).

Die große Eleganz und Harmonie seiner Umrißlinien erreicht schließlich in der Wirkung eine gewisse Analogie zu Antonio Stradivari (Max Möller), obgleich die Ähnlichkeit im einzelnen nicht sehr stark ausgeprägt ist.

Wie man sieht, sind die einzelnen Übernahmen von seinen Vorbildern recht versteckt und ästhetisch befriedigend verwertet. Santo Serafin hat eine überaus raffinierte persönliche Bauweise geschaffen, in der die Anklänge an Amati, Stradivari und Ruggeri sehr unauffällig und kaum unterscheidbar untergebracht und zu einer neuen Synthese vereint sind. Im Detail wie in der Gesamtkomposition ist Serafin indessen viel stärker, aber auch wieder versteckt, dem Vorbild Stainer und dessen Metamorphosen durch die venezianischen Meister verpflichtet.

Schließlich aber hat die Arbeit des Santo Serafin nicht nur eine wohltuende Grazie, sondern sie ist nahezu immer in handwerklich-künstlerischer Hinsicht von höchster Vollendung (nur Fridolin Hamma bedauert, daß bei ihm neben hervorragenden Arbeiten leider auch „viel Mittelmäßiges" vorkomme). Das gilt für jedes Detail; in besonderem Maße vielleicht für seine Einlagen. Charles Read betonte, daß weder Stradivari noch Amati die Einlagen so dünn und fein und so nahe am Rand zu ziehen wußten wie Santo Serafin. Man muß vielleicht hinzufügen, daß sie auch bei kaum einem anderen so ebenmäßig in der Breite sind. Übrigens findet sich bei Santo Serafin gelegentlich die Besonderheit, die bis in die äußersten Ecken gezogenen Einlagen vor der Schlaufe, also der Umkehr, in asymmetrischem Abstand zum Rand zu führen (Abb. XXI).

Santo Serafin zeigt mitunter eine weitere Eigenart: am oberen Ende des Wirbelkastens findet sich in dessen Mitte ein halbrunder Graben. Weil sich dieses Merkmal auch bei Anselmo Bellosio findet, nimmt man an, der letztere sei Serafins Schüler gewesen.

Am Knopf der Unterzarge verwendete er häufig einen Brandstempel mit den großen Buchstaben seines Namens, wobei das SERAFIN am mittelstän-

90. Violine von Santo Serafin
Venedig, 1732
nach W. Hamma, Meister…,
Stuttgart 1964, S. 572

digen Buchstaben A durch eine senkrechte Einlage unterteilt wird (Abb. XXI).

Santo Serafin verwendete gute und schöne Tonhölzer; Doring betont, seine Fichten in Venedig seien schöner gewesen als die seines Freundes (und Mentors?) Pietro II. Guarneri. Sein Lack hat kaum Ähnlichkeit mit demjenigen Stradivaris, er ist typisch venezianisch und im allgemeinen in dunkelgelben, goldbraunen oder orangebraunen Farbtönen gehalten. Wie bei Pietro II. Guarneri sind bei ihm rötliche Töne selten. Dennoch scheint sich sein Lack nicht mit Goffriller, Gobetti oder Montagnana messen zu können. Auch Charles Read, der 3 Violoncelli von Santo Serafin sehr bewunderte, war weder mit dem Lack noch mit der Form der Schnecken zufrieden. Lassen wir zum Abschluß Max Möller das Wort. Er schreibt: „Man wird selten so ästhetische Proportionen wie in einem Instrument von Santo Serafin (hier handelt es sich um ein Violoncello) finden, selbst bei Stradivari nicht" („not even every Strad'cello is aesthetically such a success").

Der Ton seiner Instrumente gilt als überaus nobel, aber nicht als sehr voluminös. Walter Hamma findet, sie seien ideal fürs Mikrophon geeignet, was ja besagen würde, daß sie die damit fast immer verbundene Verstärkung vertrügen. Das mag Ansichtssache sein; sie sind trotz alledem große Konzertinstrumente.

91. Violine von Santo Serafin
Venedig, 1735
Corpuslänge (B) 35,3
Breiten   16,8 – 10,4 – 20,7
Kollektion W. Hamma, Stuttgart

92. Violine von Santo Serafin
    Venedig 1742
    nach W. Hamma, Meister...
    Stuttgart 1964, S. 574

93. Violoncello von Santo Serafin
    Venedig 1740
    Kollektion W. Hamma, Stuttgart

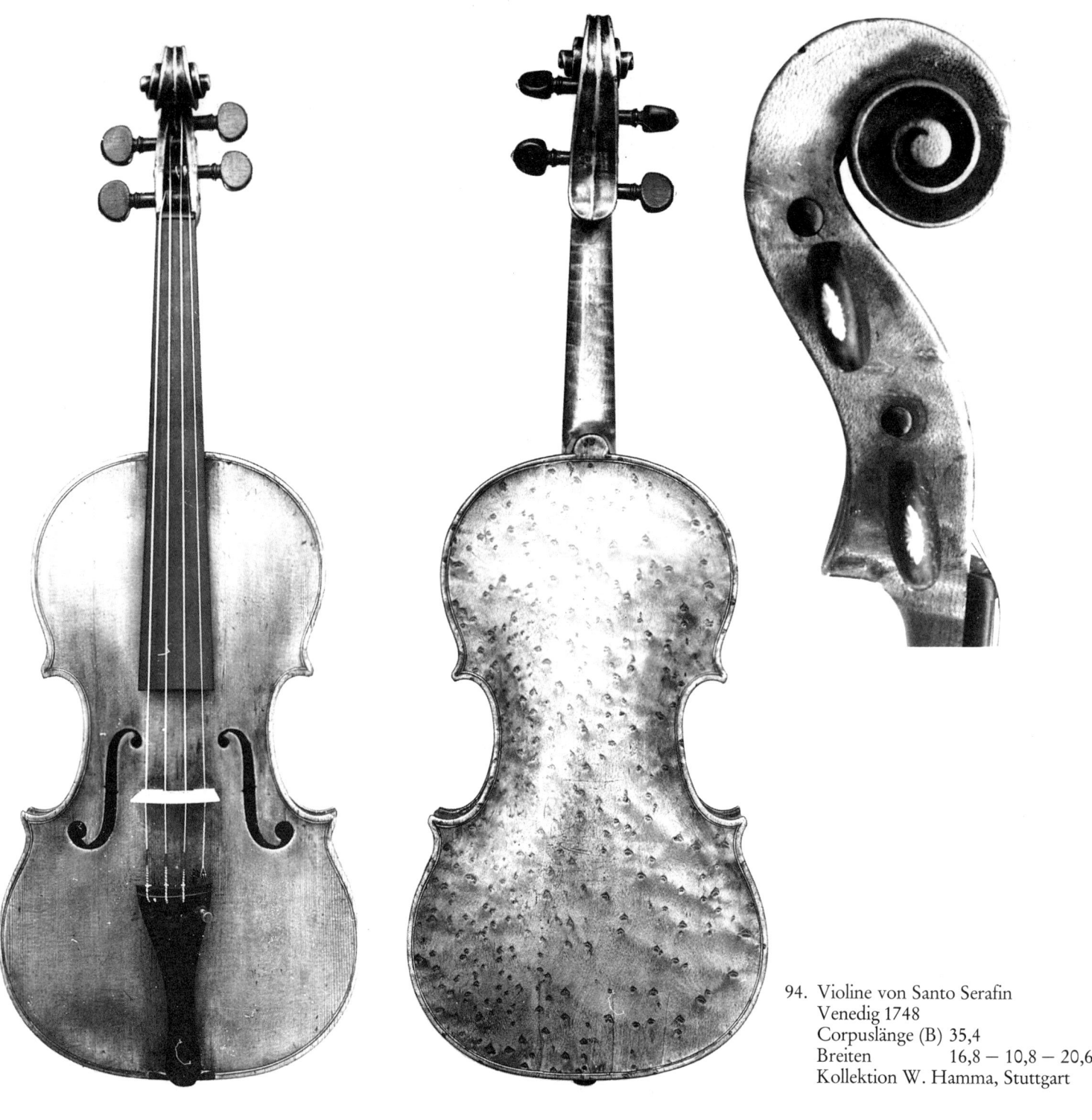

94. Violine von Santo Serafin
Venedig 1748
Corpuslänge (B) 35,4
Breiten   16,8 — 10,8 — 20,6
Kollektion W. Hamma, Stuttgart

95. Violine von Santo Serafin
Venedig 1760
Corpuslänge (B) 35,1
Breiten   16,7 — 10,4 — 20,5
Kollektion W. Hamma, Stuttgart

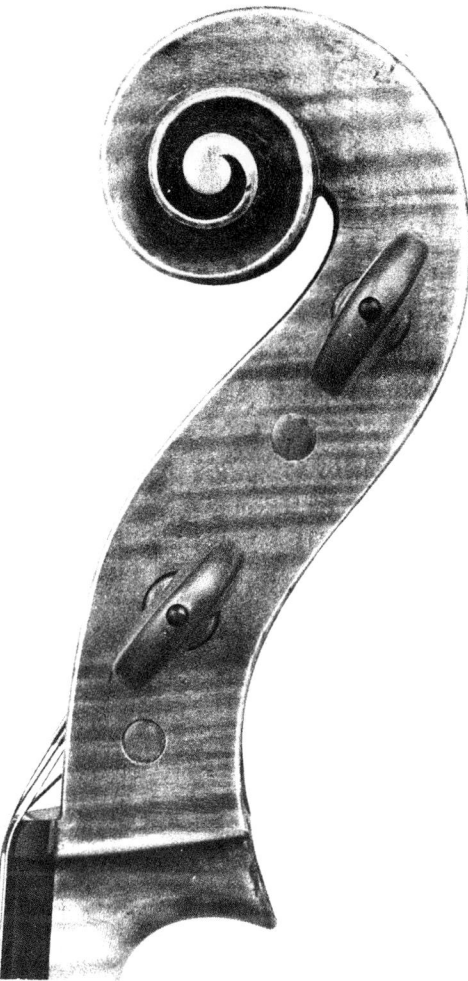

Giorgio Serafin

Bei ihm handelt es sich, wie bereits gesagt wurde, nicht um einen Sohn, sondern um einen Neffen des Santo Serafin.

Auch seine Lebensdaten sind nicht genau bekannt; seine produktive Arbeitszeit scheint zwischen 1740 und 1750 gelegen zu haben. Sicher weiß man, daß er am 21. November 1751 Antonia Anna Montagnana, die vierte Tochter des Domenico Montagnana, geheiratet hat. Der Zusammenhalt unter den venezianischen Geigenbauern war, wie bereits betont wurde, eng. Bei seiner Heirat dürfte Giorgio schon ein gestandener Mann gewesen sein, denn die meisten seiner erhaltenen Instrumente sind von 1742 bis 1749 datiert.

Dieser Neffe Giorgio ist mit hoher Wahrscheinlichkeit auch der Schüler des Santo Serafin gewesen. In der Literatur heißt es, Giorgio habe sich beim Bau seiner Instrumente streng an das Vorbild des Onkels gehalten. Sein Modell ist vielleicht noch etwas schlanker, noch mehr Amati ähnelnd. Bei manchen Instrumenten glaubt man sogar den Einfluß des Pietro II. Guarneri zu spüren: der untere Teil des Corpus kann mächtiger sein als der obere (Abb. 97). Insgesamt zeigen auch seine Arbeiten (vorwiegend Violinen) Ebenmaß, sauberes handwerkliches Können und trotz des Vorbildes des Onkels eine eigene Note. Sie mögen nicht so berühmt sein wie diejenigen Santos, aber sie sind schön und klingen gut. Die exakte Arbeit zeigen die Abbildungen 97 und 98. Der Wirbelkasten erscheint freilich recht plump.

Keinem bestimmten Meister, sondern der Schule bzw. Werkstatt der Serafin zuzuordnen ist die in Abb. 99 gezeigte Violine.

96. Violoncello von Santo Serafin
    Venedig 17..
    Corpuslänge (B) 72,6
    Breiten   35,1 — 24,0 — 43,1
    Kollektion W. Hamma, Stuttgart

97. Violine von Giorgio Serafin
    Venedig 1743
    nach W. Hamma, Meister…
    1964, S. 580

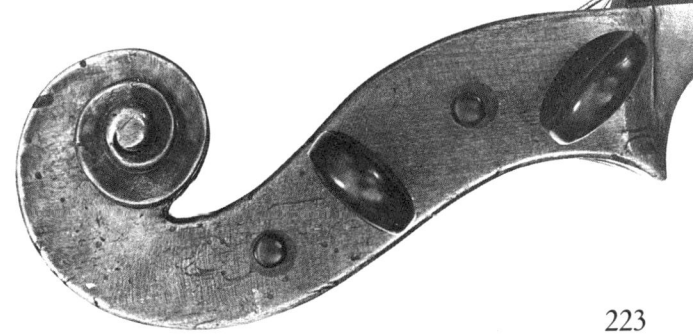

98. Violoncello von Giorgio Serafin
   FS IV, 5
   Corpuslänge   74,6
   Breiten   33,2 – 22,9 – 42,9
   Zargen   11,8 – 11,7 – 11,9
   Mensur   39,8

99. Violine der Serafin-Schule

Giovanni Battista und Michele Deconet (Deconetti)

Bei den beiden handelt es sich wahrscheinlich um Vater und Sohn. Der erste ist offenbar kein gebürtiger Venezianer und möglicherweise in Cremona geschult, der zweite ist allem Anschein nach ein – sehr fähiger – Schüler des Montagnana gewesen.

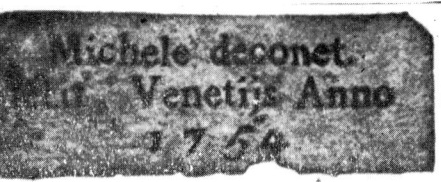

Die Lebensdaten des *Giovanni Battista Deconet* sind unbekannt, die Jahre seines Wirkens in Venedig werden in die Zeitspanne zwischen 1720 und 1740 (und später) verlegt. V. Lütgendorff und Fuchs-Möckel: 1720 – 1735, Niederheitmann-Berr und Jalovec 1720 – 1742. A. Sprenger beschreibt indessen eine Violine von G. B. Deconet, die er in die Jahre 1750 bis 1760 datiert. Nach Sprenger wäre also G. B. Deconet älter geworden als bisher angenommen.

Wie groß die Unsicherheit hinsichtlich des Ranges und der Leistung der beiden Meister ist, möge eine Glosse von E. M. W. Paul zeigen, die Youngman in THE STRAD 1972 veröffentlicht hat. Paul scheint nämlich die beiden Deconetti nicht für eigentliche und professionelle Geigenbauer, sondern für Händler gehalten zu haben, die die Arbeiten der großen Venezianer Meister aufkauften und sie (offenbar mit deren Einverständnis) mit ihren eigenen Zetteln versahen. Aus dieser Usance rühre die immer wieder gerühmte Ähnlichkeit „ihrer" Instrumente mit berühmten Meistern Venedigs her.

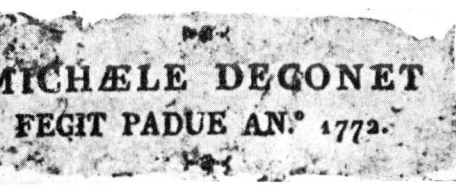

Bei der Notiz von M. Youngman bleibt es leider in gewisser Weise offen, ob diese Kennzeichnung Pauls für beide Meister zutrifft. So ganz ernst kann es E. M. W. Paul wohl mit dieser Beurteilung vor allem des G. B. Deconet nicht gewesen sein; denn das in Abb. 100 wiedergegebene Instrument wurde seinerzeit von ihm ausdrücklich als eine eigene Arbeit des G. B. Deconet bezeichnet. Auch hat Paul damals keinerlei Andeutung über die in der oben zitierten Bemerkung geschilderten angeblichen Verfahrensweise der Deconet gemacht.

Die Unterscheidung beider Meister ist indessen mitunter schwierig, und mit irrtümlichen Zuweisungen muß gerechnet werden. Unterstellt man, daß Giovanni Battista Deconet gegenüber dem Michele der mehr archaische und weniger konturierte gewesen sei, so ist die erwähnte Violine, überdies sehr spät, also zwischen 1750 und 1760 angesetzt, wohl eher eine Arbeit des Michele als des Giovanni Battista Deconet (Abb. 101). A. Sprenger berichtet nur über Michele Doconet (Abb. 101, 103 und 104). *Michele Deconet,* wahrscheinlich der Sohn des Giovanni Battista Deconet, war offenkundig ein Schüler des Domenico Montagnana. In THE STRAD vom Jahr 1946 (p. 246) wird zwar gezweifelt, daß Deconet noch genug Zeit gehabt hätte, bei Montagnana zu lernen; diese Bedenken sind jedoch gegenstandslos, da Montagnana nicht wie dort angenommen um 1750, sondern erst 1756 gestorben ist.

Die Lebensdaten des Michele Deconet scheinen mit 1727 und 1795 glaubwürdig, möglicherweise richtig, bestimmt zu sein. Als Montagnana starb, war er also ein „gestandener" Meister von 29 Jahren.

Walter Hamma schreibt: „Der Lack ist ganz hervorragend, voll Feuer und Farbe und gleicht sehr dem Montagnanas, dessen Schüler er gewesen sein soll". Michele Deconet benutzte, auch darin Montagnana ähnlich, die großen Modelle Stradivaris und Guarneris als Vorbild. Meist sind seine Instrumente flach, und zeigen eine breite und nicht allzu tiefe Hohlkehle. Das Bodenholz ist meist prächtig geflammt, auch das Deckenholz ist „bester Qualität" (W. Hamma). Hamma fährt fort: „Trotz des häufig zu breiten Randes und ebenso der Einlagen wirkt das Ganze nie plump."

Die ff-Löcher Michele Deconets zeigen mitunter eine Besonderheit: Die unteren Klappen sind „etwas breit, wirken aber nie unschön" (W. Hamma), Abb. 102.

Michele Deconet ging von Venedig nach Padua; die meisten Autoren meinen, erst in seinen letzten Lebensjahren. Vannes besteht aber darauf, daß es bereits im Jahr 1772 gewesen sei. Allerdings sei M. Deconet dann (Vannes weiß nicht wann) wieder nach Venedig zurückgekehrt und im Jahr 1790, in dem er offenbar auch gestorben ist, endgültig nach Padua gegangen. Übrigens weist auch Vannes darauf hin, daß der Lack Michele Deconets demjenigen von Montagnana frappant ähnlich sähe.

Die Bedeutung des Michele Deconet ist wohl erheblich größer, als im allgemeinen angenommen wird. Auch in THE STRAD (1946) wird ihm hohes Lob gezollt. Es heißt da wörtlich:

„ein hervorragender Macher, dessen mittelstark gewölbte Violinen oft im Stil des Peter Guarneri gebaut sind."

Er liebte ganze Böden (die 2. Violine des Buches von W. Hamma zeigt einen solchen, ferner die in THE STRAD abgebildete, sowie 3 von 5 Violinen aus dem Venedig-Buch von A. Sprenger). Die Violine, die er Giovanni Battista Deconet zuordnet, hat ebenfalls einen ganzen Boden und scheint sowohl von der Datierung her als auch im Stil, eher dem Michele Deconet als dem Giovanni Battista Deconet zuzugehören.

Eine besonders schöne Violine des Michele Deconet findet sich bei Niederheitmann-Berr, Tafel VII und VIIa (6. Auflage 1956).

Jalovec betont (wie Hamma) das wundervolle Holz, besonders seiner Decken, und weist auf seine im allgemeinen kurzen ff hin. Sie sind tatsächlich mitunter im Verhältnis zu seinen mächtigen Violinen, die meist breites Unterteil haben, ein wenig zu stumpig.

100. Violine von G. B. Deconet, ca. 1720
   Corpuslänge   35,9   Zargen   2,85 — 2,95 — 3,0
   Breiten   16,5 — 11,1 — 20,35   Mensur   19,3
   Decke und Boden geteilt, Originalhals, Lack gelb-braun

228

101. Violine von G.B. Deconet
1750 - 60
nach A. Sprenger, I, S. 139

102. Violine von Michele Deconet, Venedig
     nach W. Hamma: Meisterwerke.., 1964, S. 198

230

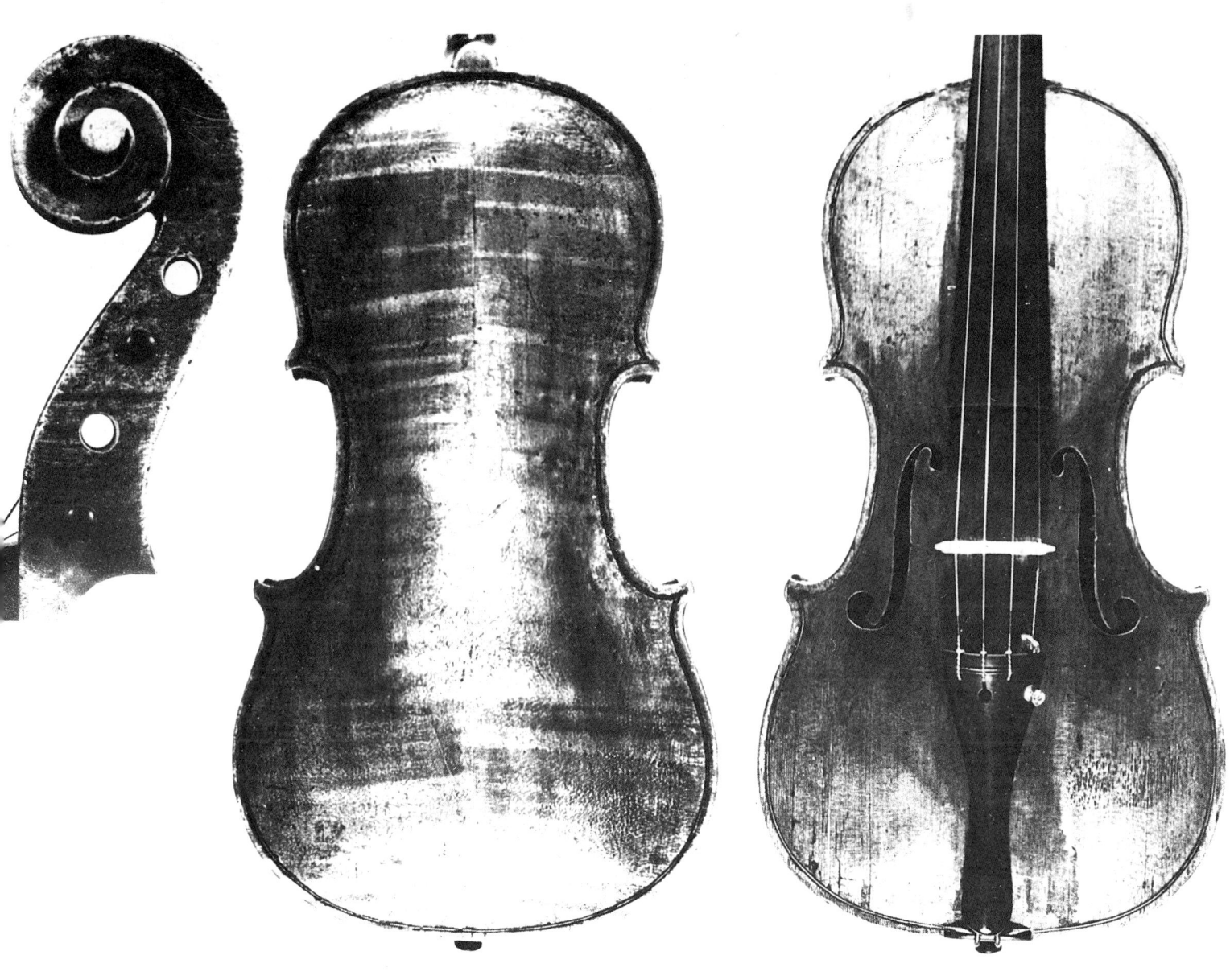

03. Violine von Michele Deconet
Venedig 1745 - 50
Corpuslänge   35,8
Breiten   16,3 — 12,2 — 20,6
Zargen   2,9 - 3,1
Mensur   19,5
nach: A. Sprenger, I. Venezianer
Schule, S. 147, 1977, S. 147

Um den Stil beider Meister besser unterscheiden zu können, seien die zugehörigen Abbildungen kurz besprochen.

Abb. 104 zeigt eine etwas archaisch wirkende Violine des Giovanni Battista Deconet mit starker Wölbung und ausgeprägter Hohlkehle, steilen, nicht allzu kurzen ff, und einer mächtigen Schnecke, die von der Rückwärts-Flucht des Wirbelkastens her fast mehr an M. Goffriller als an andere venezianische

Meister erinnert. Dem Modell ist die Amati-Schule ebenso anzumerken wie ein spezifisch venezianischer Ductus, der freilich wiederum Tiroler Vorbildern verpflichtet ist. Das Instrument scheint aus der früheren Schaffensperiode des Meisters zu stammen und ist wohl vor 1740 entstanden.

Einen deutlich höheren Rang nehmen die Instrumente des *Michele Deconet* ein. Sie weisen sich aus durch ein repräsentatives, gewissermaßen respektheischendes Patron aus, sind groß und breit gebaut, nur mittelstark gewölbt, wobei die Wölbung doch stärker ist als es den Anschein macht (also geschickt verborgen ist). Die ff-Löcher sind nicht immer kurz, sondern meist ziemlich lang, im Schnitt und in der Schrägung sehr elegant, und die von W. Hamma für kennzeichnend gehaltenen nach außen ausladenden unteren Trauben der ff-Löcher sind deutlicher in Abb. 102 zu sehen als in der Violine der Abb. 103.

Ein bislang unbekanntes, hochrangiges Instrument von Michele Deconet zeigt die Farbabbildung Nr. XXII.

Die ff-Löcher können noch länger und schiefer gesetzt sein und durchaus denjenigen des Joseph Guarneri del Gesù ähneln. Sprenger hat mehrere solcher Violinen abgebildet (als Beispiel Abb. 103-104). Hier sind übrigens, wie Hamma sagt, die Einlagen zu breit. Meist sind sie indessen in der Stärke normal, immer sehr sorgfältig gezogen, wie überhaupt alle Details einen ebenso sicheren wie geschmackvollen Meister verraten.

Die Schnecken seiner Instrumente sind ziemlich groß, sowohl was den Wirbelkasten wie die eigentliche Schnecke betrifft. Sie sind venezianisch, verleugnen die Vorgänger nicht, und haben doch alle eine eigene und höchst persönliche Note (Abb. 101, 102).

Die Schönheit seines Deckenholzes zeigt insbesondere eine Viola aus dem Venedig-Buch von Arnold Sprenger (Abb. 104); hier wirken die ff-Löcher überaus kurz, der „Unterbau" ist besonders breit und mächtig. Das kostbare Deckenholz und die Schönheit des Lackes erweist sich in der ungewöhnlich schönen Violine der Abb. XXII; der Lack erinnert tatsächlich an D. Montagnana. Studiert man ihn genauer, fällt freilich auf, daß er in weniger Schichten aufgetragen ist und eine gewissermaßen weniger korpuskuläre Konsistenz hat, ferner ist der Farbton ein deutliches Orange-Rot, während das Rot des D. Montagnana die dunklen Tönungen bis zum Tizianrot bevorzugt. Diesen orangeroten Lack trägt auch die in THE STRAD 1946 abgebildete Violine des Michele Deconet vom Jahr 1758. Gerade diese Violine, die farbig abgebildet wird, zeigt die Handschrift eines hochbedeutenden und absolut erstrangigen Meisters.

104. Viola von Michele Deconet
    Venedig 1750
    Corpuslänge   38,5
    Breiten   18,8 — 12,95 — 23,4
    Zargen   3,6 — 3,8
    Mensur   21,2
    nach: A. Sprenger, I. S. 163, 1977, S. 16

In Michele Deconet hat Venedig noch einmal einen sehr typischen, mehr nach Cremona als nach Absam orientierten Meister aufzuweisen, dessen Nachwirkung groß ist. In seiner Werkstatt scheint er viele Mitarbeiter beschäftigt zu haben, denn auch die — mehr anonymen — Arbeiten der Werkstatt Deconet sind zahlreich.

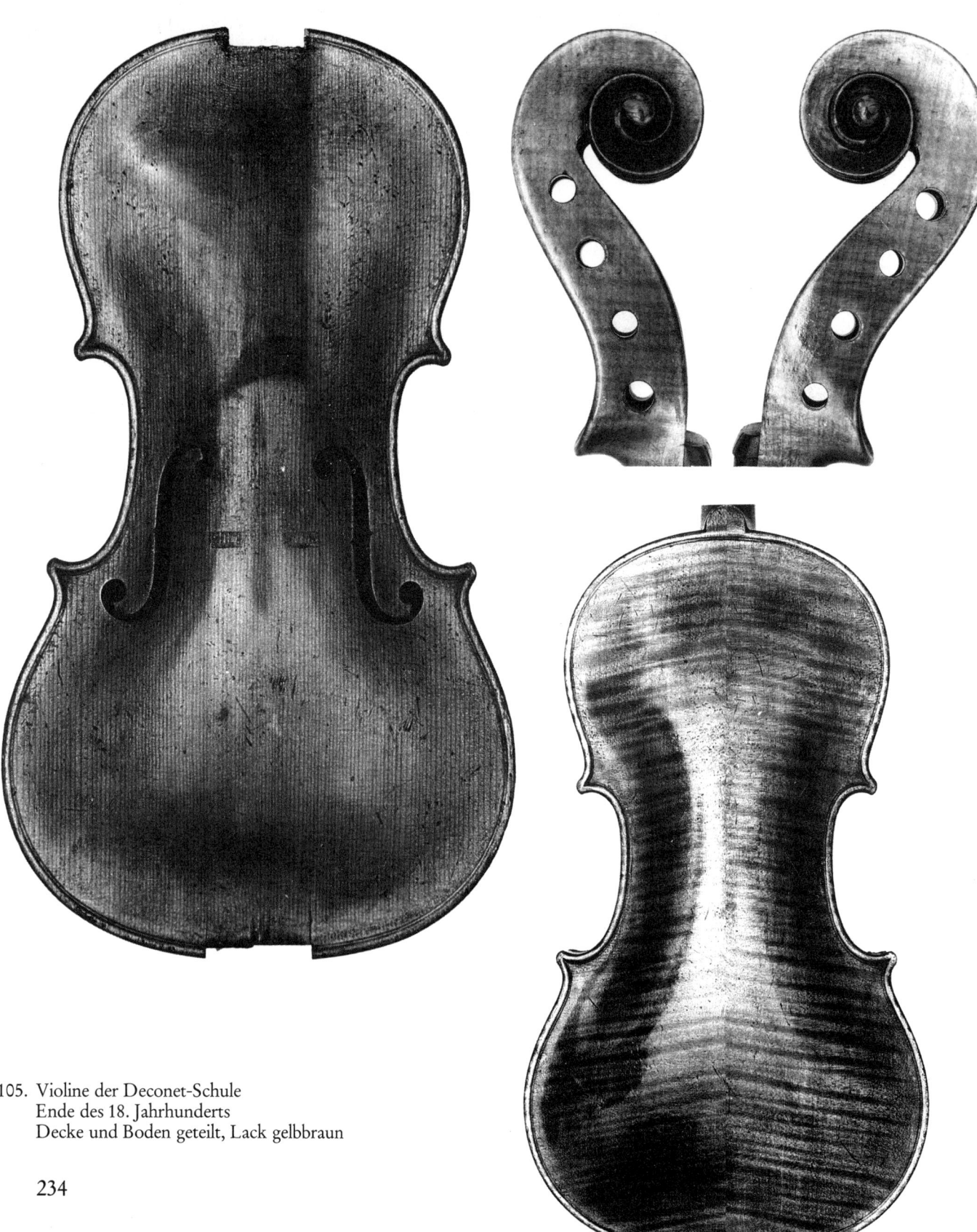

105. Violine der Deconet-Schule
Ende des 18. Jahrhunderts
Decke und Boden geteilt, Lack gelbbraun

234

Hier ist noch einer Dynastie zu gedenken, deren letzte Familienmitglieder das Bild des venezianischen Geigenbaus erheblich mitgeprägt haben. Ihre Übersiedlung von Bologna nach Venedig war vielleicht die konsequente Folge einer schon bei ihren Vorfahren merklichen Neigung, venezianische Einflüsse aufzunehmen.

Die Genealogie der Familie Tononi ist wie kaum eine andere umstritten. In der Literatur finden sich Angaben, die drei, vier aber auch nur zwei Generationen annehmen.

Die Hauptfrage kristallisiert sich um die Namensträger Carlo: einmal, wer war Carlo und wer war sein Vater; und zum anderen, wer war Carlo Antonio?

Die komplizierte Hypothese, die vier Generationen annimmt (von denen eine freilich fragwürdig ist), ist nachstehend skizziert:

I. Felice Tononi (Arbeitszeit ca. 1670 – 1710)

II. Giovanni Tononi (ca. 1689 – 1740)   Carlo Tononi (ca. 1689 – 1717)

Hypothetisch: Pietro Tononi (1713 – 1720) Guido Tononi (ca. 1690 – 1760)

III. Carlo Antonio Tononi (Arbeitszeit 1721 – mindestens 1768)

Es darf betont werden, daß über die Mitglieder der hypothetischen Generation (hier nicht eigens gezählt) keine überzeugenden Nachweise vorliegen. Sicher sind als Geigenbauer: Felice, Giovanni und Carlo bzw. Carlo Antonio. Letztere werden im allgemeinen als getrennte Personen dargestellt, wobei angenommen wurde, daß Felice sowohl der Vater von Giovanni als auch von Carlo sei. Bei Carlo Antonio wird diskutiert, ob er der Sohn oder der Enkel Carlo Tononis sei. War er der Enkel, braucht man eine dritte hypothetische Generation. Dennoch wären die hypothetischen Brüder Pietro (von dem Jalovec eine Violine aus Bologna 1717 in Nr. 378 auf S. 400 seiner „Italienischen Geigenbauer" abbildet) und Guido von der ihnen zugeschriebenen Arbeitszeit her entweder (fast) so alt wie Carlo oder (fast) so jung wie Carlo Antonio. Guido Tononi wird von Jalovec mit 1690 – 1760 datiert. Instrumente von ihm sind nicht bekannt.

Carlo Tononi schrieb man in der bisherigen Literatur eine Arbeitszeit von ca. 1689 – 1717, dem Carlo Antonio von ca. 1690 – nach 1760 zu. Der Arbeitsbeginn der beiden liegt also nicht weit voneinander, und da oft das Ge-

106. Viola von Joannes Tononi, Bologna 1740
     Corpuslänge (B) 41,5
     Breiten   19,7 — 13,5 — 24,4
     Kollektion W. Hamma, Stuttgart

236

107. Viola von Joannes Tononi, Venedig
     Kollektion W. Hamma, Stuttgart

burtsjahr mit dem geschätzten Anfang der Arbeit gleichgesetzt oder verwechselt wird, darf man eine Werkstattgemeinschaft der beiden von annähernd 30 Jahren annehmen.

Wichtiger als dieser Umstand, der inzwischen genauer bekannt wurde, scheint ein anderer zu sein. Der zweite Carlo, der nicht als personengleich mit dem ersten angesehen wird, hat sich selber nie Carlo Antonio, sondern — ebenfalls — nur Carlo genannt. Die Hinzufügung des „Antonio", zumindest in Klammer, ist eine Schlußfolgerung aus der Annahme, daß es zwei verschiedene Tononi mit dem Vornamen Carlo gegeben habe. Um sie eindeutiger unterscheiden zu können, hat sich die Empfehlung ausgebildet, den zweiten — wenigstens retrospektiv — Carlo Antonio oder Carlo (Antonio) zu nennen. Aufgabe dieser umständlichen Analyse ist, die Berechtigung dieser neuen Üblichkeit glaubhaft zu machen.

Es gibt immer noch Stimmen, die nicht an zwei verschiedene Carlos glauben. Am entschiedensten verficht Otto v. Schulmann die Ansicht, daß es sich um ein und denselben Mann handele, der in Venedig seinen Stil geändert und den Üblichkeiten dieses Geigenbauzentrums angepaßt habe.

Es scheint indessen, daß der scharfsinnige und in vielem so umsichtige Otto v. Schulmann hier vielleicht etwas vorschnell geurteilt habe.

In THE STRAD wurde das Thema der einzelnen Tononi zwischen 1937 und 1967 in nicht weniger als 8 Beiträgen aufgegriffen. Darin werden, auch Dank der Forschungen der Hill in Bologna, deutlichere Konturen der Genealogie der Tononi erkennbar, die nun wesentlich entschiedenere Aussagen möglich machen.

Felice, der von 1670 — 1710 in Bologna nach dem Amati-Modell gearbeitet hat, wurde als Stammvater der Familie Tononi bestätigt.

Sein Sohn Giovanni (Joannes), der u.a. bei seinem Vater gelernt hat (Felice wie auch Joannes werden der Cremoneser Schule zugeordnet) soll — zu einer unbekannten Zeit — nach Venedig gegangen und dort 1713 gestorben sein. Die Hill betonen indessen (in ihrem Guarneri-Buch), niemals ein in Venedig datiertes Instrument des Joannes Tononi zu Gesicht bekommen zu haben.

Übereinstimmend in allen neueren Artikeln gilt Carlo Tononi als der Sohn des Giovanni, also nicht des Felice. Durch die von Hill veranlaßten archivalischen Forschungen in den Kirchenbüchern der Kathedrale von Bologna konnten die Lebensdaten des Carlo Tononi genau ermittelt werden.
Er wurde am 25. September 1675 in Bologna geboren und starb am 20. April 1730 in Bologna.

108. Violine von Carlo Tononi
 Venedig 1728
 nach: W. Hamma, 1964, S. 692

238

239

Daraus ergibt sich der zwingende Schluß, daß die bis 1764 bekannten Instrumente eines Carlo Tononi einem anderen Tononi gleichen Namens zugeordnet werden müssen.

Carlo Tononi (genauer: der Ältere) ging im Jahr 1703 von Bologna nach Venedig. In THE STRAD 60 vom April 1950 ist eine Violine des Carlo Tononi abgebildet, die aus dem Jahr 1715 stammt, aber laut Zettel in Bologna gemacht ist. Daraus wird gefolgert, daß Carlo, nun zwar seit 12 Jahren in Venedig seßhaft, wichtiger Aufträge wegen vorübergehend immer wieder nach Bologna gegangen sei. Das leuchtet durchaus ein; denn, während der eine Carlo in Bologna war, hütete der andere die Werkstatt in Venedig.

Die entscheidende Frage ist nun, wie das verwandtschaftliche Verhältnis der beiden Carlos (den zweiten wollen wir nun definitiv Carlo Antonio nennen) zueinander gewesen sei. Jalovec behauptet zwar, Carlo Antonio sei der Sohn des Pietro und damit der Enkel des Carlo gewesen; aber diese Zuordnung hat sich nicht durchsetzen können.

Um in dieser Frage weiterzukommen, wird es einem auch aus Gründen der simplen Verwechslung beider nicht gerade leicht gemacht. So wird z.B. in THE STRAD 65 vom November 1954 eine angeblich späte Violine des Carlo Antonio Tononi vom Jahr 1730 vorgestellt („The illustration of this month is of a late example of the work of Carlo (Antonio) Tononi made at Venice, ca. 1730"). Es wird festgestellt, daß der Meister um diese Zeit unter den Einfluß des Antonio Stradivari geraten sei und viel flachere, weniger gewölbte Violinen gemacht habe. Im Gegensatz zu vielen Meistern Venedigs habe sich Tononi in dieser Zeit nicht dem J. Stainer, sondern dem A. Stradivari zugewandt.

Nehmen wir also an, daß es sich um keine Verwechslung von Carlo und Carlo Antonio handele, dann müssen wir uns gegen die Bezeichnung „Spätwerk" wenden. Wenn Carlo Antonio, was inzwischen erwiesen ist, noch im Jahr 1764 gearbeitet und bis 1768 gelebt hat, kann ein um 1730 gebautes Instrument nur dann als „spät" bezeichnet werden, wenn der Meister schon viele Jahrzehnte vorher gearbeitet und sich bereits in seiner „Spätperiode" befunden hat. Das wäre von seinem vermuteten Geburtsjahr (um 1685) durchaus möglich, aber nicht von seiner Überlebenszeit: jemand, der bis 1768 lebt, stellt um 1730 kein „Spätwerk" her.

Auch die Tatsache, daß Carlo Antonio den Carlo Tononi um 38 Jahre überlebt hat, läßt keine bindenden Schlüsse auf das verwandtschaftliche Verhältnis zwischen beiden zu. Der eine kann lang-, der andere kurzlebig gewesen sein. Immerhin scheint der Altersunterschied zwischen beiden nicht sehr groß gewesen zu sein; er betrug offenbar kaum mehr als 12-15 Jahre. Vielleicht war Carlo Antonio, wenn schon nicht Carlos Sohn, so dessen viel jüngerer, aus

109. Violine von Carlo Tononi
    Venedig 1730
    nach: W. Hamma, 1964, S. 692

240

Versehen auf den gleichen Namen getaufter Bruder; in diesem Fall dürfte er nicht später als zwischen 1685 und 1690 geboren sein. Er wäre dann im Jahr 1712 auch bereits ein fertiger Meister gewesen, dem der ältere Carlo (Bruder oder Vater?) während seiner Reisen nach Bologna unbesorgt die Werkstatt in Venedig hätte anvertrauen können. Auch darf man annehmen, daß er im Jahr 1703 nicht einen zarten Knaben, sondern einen robuster Arbeit bereits fähigen Heranwachsenden von Bologna nach Venedig genommen habe.

Mit den nun gewonnenen Einsichten und Fakten kann man die wahrscheinliche Genealogie der Familie Tononi etwas folgendermaßen rekonstruieren:

I. Felice Tononi (Arbeitszeit 1670 — 1710)

II. Giovanni (Joannes) Tononi (Arbeitszeit 1689 — 1740) teilweise in Venedig

III. Carlo Tononi (1675 — 1730) Carlo (Antonio) Tononi ca. 1690 — 1768)

In der Familie Tononi hat es also offenbar vier Geigenbauer gegeben: Felice, Giovanni (Joannes), Carlo und Carlo Antonio; Pietro ist nicht allgemein anerkannt.

Vom Stammvater *Felice Tononi* wird übereinstimmend berichtet, er sei ein guter und namhafter Geigenbauer gewesen. Seine Instrumente sollen nach J. Stainer ausgerichtet sein und weichen, gelben Lack tragen. Ein ihm sicher zuzuordnendes Instrument ist in der erreichbaren Literatur nicht abgebildet.

Von seinem Sohn, dem *Giovanni (Joannes) Tononi,* der rund 50 Jahre, von etwa 1689 — 1740) gearbeitet hat, hält Walter Hamma sehr viel. Dieser namhafte Autor hält dafür, daß Joannes Tononi (der mitunter auch als „de Tononis" apostrophiert wird) nicht nur in Bologna, sondern auch in Venedig und in Rom gearbeitet hat. Walter Hamma beschreibt die Arbeit von Joannes Tononi als „erstklassig", das von ihm verwendete Holz als schön, er lobt die Sauberkeit seiner überaus schmalen Einlagen, das rundliche Patron, die „feine" Schnecke und den meist gelbbraunen oder orangegelben Lack. Er bildet zwei Violinen dieses Meisters ab: eine ohne Jahreszahl und die andere von 1702 (aus Bologna stammend). Hier werden zwei Violinen, die W. Hamma dem Joannes Tononi zugeordnet, aus seiner Kollektion (nicht in seinem Buch) abgebildet (Abb. 106, 107).

Überaus schwierig erscheint es, die Arbeiten und stilistischen Merkmale von Carlo Tononi (1675 — 1730) und Carlo (Antonio) Tononi (ca. 1690 — 1768) gegeneinander abzuschätzen. Nicht nur wegen des ausführlich bespro-

110. Violine von Carlo Tononi
Venedig, undatiert
nach: W. Hamma, 1964, S. 694

242

243

chenen ungewissen Altersunterschiedes und des unbekannten Verwandtschaftsverhältnisse der beiden, sondern weil offen bleiben muß, wer wen mehr beeinflußt hat. Sicher ist, daß beide in einer Werkstattgemeinschaft von annähernd 30 Jahren lebten, wobei ja auch der Vater des Carlo, Giovanni, der den letzteren offenbar um 10 Jahre überlebt hat, noch dazugerechnet werden muß. Der früheste bekannte Eigenzettel des Carlo (Antonio) Tononi stammt von 1721; das ist so spät, daß man von seinem angeblichen „Spätstil" nicht schon um 1730 reden kann. Von wem aber ging die um diese Zeit erkennbare Zuwendung zu dem Spätstil des Antonio Stradivari aus? Wer induzierte die Abwendung von den Modellen Stainers und Amatis, und sind die Arbeiten der beiden, solange sie in der gleichen Werkstatt arbeiteten, überhaupt voneinander unterscheidbar? Oder hat O. v. Schulmann in einem übertragenen Sinne recht, wenn er für die (angebliche oder tatsächliche eingetretene) „Stilwandlung" nicht das Vorhandensein zweier verschiedener Meister (gleichen Namens) fordert, sondern diese Veränderung mehr der Werkstatt als solcher und den veränderten Erfordernissen der Zeit zuschreibt?

Betrachtet man die Abbildungen der in der Literatur beschriebenen Violinen der beiden gleichnamigen Meister und diejenigen, die hier dazugefügt werden sollen, so wird es sehr schwer, zumindest für die Zeit ihrer gemeinsamen Arbeit, verbindliche Unterschiede auszumachen. Zwar fällt auf, daß durchaus Unterschiede im Stil von Carlo und Carlo Antonio aufzuspüren sind, aber andererseits bestehen solche Unterschiede auch durchaus beim gleichen Meister. So sind etwa die Violinen, die Fridolin Hamma und Walter Hamma von Carlo Tononi zeigen, durchaus verschieden; die Unterschiede sind vielleicht ebenso groß wie diejenigen der beiden Meister untereinander. Fehlen bei Instrumenten Originalzettel und damit feststehende Zeitbestimmungen, wird es überaus schwierig, wenn nicht unmöglich, sicher zwischen Carlo und Carlo (Antonio) zu unterscheiden.

Infolgedessen sollen beide Meister mehr vergleichsweise als streng getrennt voneinander besprochen werden.

Carlo Tononi und Carlo (Antonio) Tononi

Um einigermaßen sicheren Boden unter die Füße zu bekommen, bilden wir die drei Violinen ab, die Walter Hamma in sein Buch „Meister italienischer Geigenbaukunst" (1964) von Carlo Tononi aufgenommen hat. Sie sind datiert von 1728 und 1730; das dritte ist undatiert (Abb. 108-110).

Diesen drei Instrumenten folgt bei W. Hamma schließlich unter Carlo (Antonio) Tononi eine Violine vom Jahr 1764. Der Unterschied beider Meister scheint darin zu bestehen, daß die Violinen des Carlo Tononi in Patron, ff-Löchern und Schnecke mehr nach dem Vorbild von Cremona (Amati und Stradivari) tendieren, während die (um gute 30 Jahre spätere) Violine des Carlo Antonio Tononi mächtiger in der Schnecke angelegt ist, und im Patron mehr nach Pietro II. Guarneri gearbeitet ist, also mehr „venezianische" Züge angenommen hat. Eine im Patron ähnlich geschnittene, jedoch insgesamt schlankere Violine mit ff-Löchern, die weitgehend denen des Joseph Guarneri del Gesù ähneln, bildet Jalovec (Italienische Geigenbauer, 2. Aufl., Abb. 373) ab. Die Violine ist 1763 datiert und stammt aus der Kollektion von Hamma & Co in Stuttgart. Allerdings hat sie Jalovec fälschlich als „Carlo Tononi" bezeichnet, während sie nur eine „Carlo Antonio Tononi" sein kann (bei der Familie Tononi sind Verwechslungen entschuldbar; auch Hamma hat die Viola von Joannes Tononi der Abb. 106 versehentlich mit 1740 datiert). Eine unter Nr. 174 auf S. 396 abgebildete Violine von Carlo Tononi ist ebenfalls in Bologna 1717 datiert; sie ziegt (auch aus der Sammlung Hamma & Co.) weitgehend cremonesischen Zuschnitt. Dagegen erweist die undatierte Violine der Nr. 375, S. 397 eine typische Arbeit des späten Carlo Antonio Tononi, mit kantigem Umriß, starker Hohlkehle und ff-Löchern weitgehend nach Guarnerius del Gesù. Dieses Instrument weist in der Mitte des Bodens ausgedehnte blumenartig sich ausfächernde weitere Ziereinlagen auf.

Den stilistischen Merkmalen, die den Hamma-Zitaten für Carlo Tononi abzulesen sind, entspricht in großer Übereinstimmung das in Abb. 111 gezeigte Violoncello des gleichen Meisters, das wohl seiner reifen, wenn nicht seiner Spätzeit, zuzuordnen ist.

Wenden wir uns nun den von Carlo (Antonio) Tononi abzubildenden Instrumenten zu. Sie sind im Vergleich zu Carlo Tononi von einem mächtigen, mitunter ausladenden Patron, einem schwerfälligen, in vielen Einzelheiten auf Pietro II. Guarneri hinweisenden Umriß. Fast durchweg sind die Ecken stumpf, die Oberteile mächtig, die Rundungen ein wenig kantig, die Schnekken groß. Am auffälligsten sind die — untereinander in Länge, Neigung, Breite verschiedenen — ff-Löcher, die einerseits gewisse Analogien zu denjenigen des

Guarneri del Gesù, andererseits aber in ihrer meist zierlichen Eleganz ein wesentliches Merkmal des späteren, sich von Carlo unterscheidenden Carlo (Antonio) Tononi zu sein scheinen. Die Instrumente der Abb. XXIII, 112-115 möchten wir, soweit nicht sicher bezeugt, alle dem Carlo (Antonio) Tononi zuordnen. Diese Instrumente bekunden jedenfalls einen Meister, der sich von den lange maßgeblich gebliebenen Merkmalen Cremoneser Vorbilder, die den Carlo Tononi noch bestimmt haben, wegentwickelt hat und ein sehr eigenwilliges, durch venezianische Üblichkeiten und gewisse Analogien zu Guarnerius del Gesù inspiriertes Modell findet.

A. Sprenger hat in sein Buch über die venezianischen Meister nur Instrumente von Carlo Antonio Tononi aufgenommen; es sind 5 Violinen (bis 1760) und ein Violoncello, von 1745-50. Alle Instrumente sind kräftig gebaut, haben mächtige Schnecken, deren Windungen kaum mehr (nach dem Muster Cremonas) konzentrisch verlaufen. Sie haben meist ziemlich oder sehr lange, schräg gestellte, zierlich in der Breite geschnittene ff-Löcher, die im Übergang zu den Klappen stark geschweift sind.

Die Arbeit des Carlo Antonio Tononi ist nicht minder sorgfältig als bei seinen Vorgängern. Seine Einlagen sind schmal und gleichmäßig, sie liegen sehr nahe am Rand (Abb. 112-115). Das Patron kann sehr verschieden sein; das offenbar für die letzten Jahrzehnte benutzte wurde genauer beschrieben; hier ist fast immer die Hohlkehle und die Wölbung von Boden und Decke stark ausgeprägt.

Der Lack des Carlo Antonio Tononi gleicht am meisten dem des Santo Serafin. Er ist dick aufgetragen (an einzelnen Stellen geronnen) und hat meist die Tönung des intensiven, oft dunklen bis fast schwarzdunklen Rot. Mitunter bringt Carlo Antonio Tononi (wie auch Carlo Tononi) einen Brandstempel C.T. an der Unterzarge an. Am Brandstempel sind die beiden gleichnamigen Meister nicht zu unterscheiden, auch nicht am Zettel. Es wurde bereits gesagt, daß sich beide „Carlo Tononi" genannt haben.

Es kommen sowohl lateinische als auch italienische Zettel (aber offenbar nicht in vielen Instrumenten) vor. Bemerkenswert ist der Zusatz eines Zettels, den erstmals Galley (zitiert bei Lütgendorff) bekannt gemacht hat. Er lautet:

e dal 1728 defini di far prove
e gli instrumenti principiò

Das heißt auf deutsch:

seit 1728 hörte ich mit dem Probieren auf
und begann mit den Instrumenten.

111. Violoncello von Carlo Tononi
     Venedig um 1730
     Privatbesitz, Saarbrücken

Schließlich wird in Abb. 116 noch eine Violine gezeigt, die nicht mehr die Handschrift des Carlo (Antonio) Tononi aufweist, auch später als 1764 anzusetzen ist. Das Patron ist mächtig, etwas schwerfällig, die Ecken sind stumpf, die ff-Löcher sehr steil und stehen hoch; die Schnecke hat mit ihren oval nach unten ausholenden Windungen einen für Venedig typischen Zuschnitt.

247

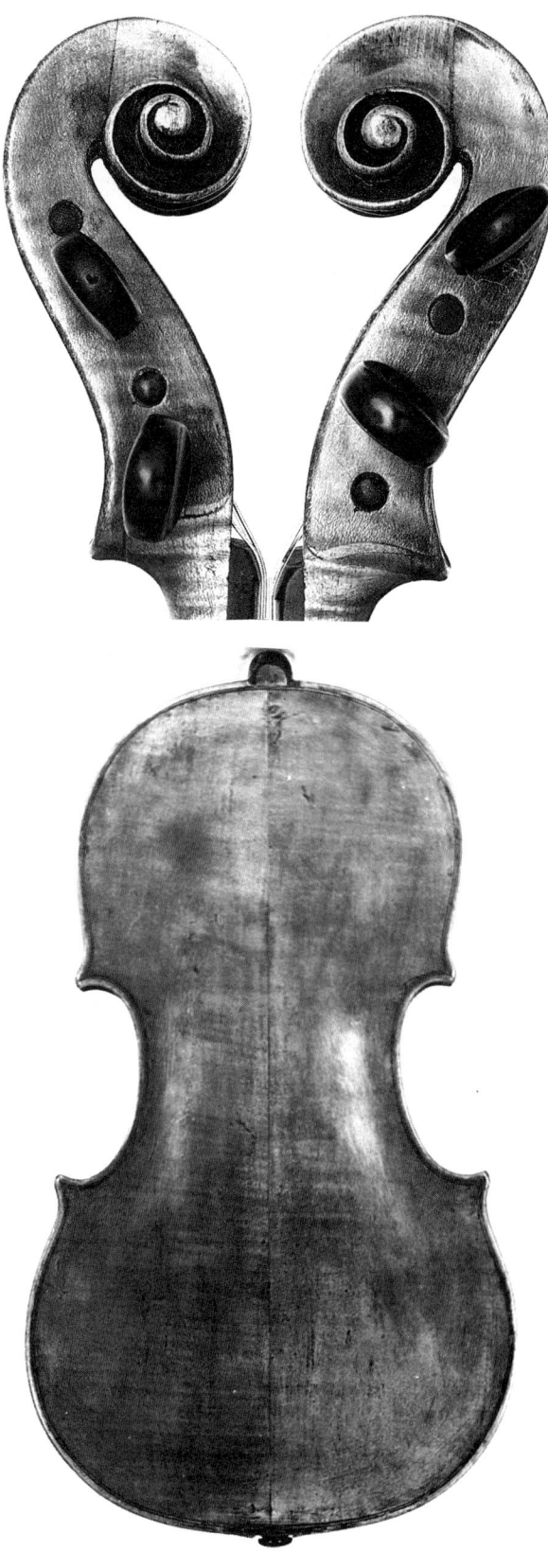

112. Violine von Carlo Antonio Tononi
   undatiert, FS
   Corpuslänge   36,2
   Breiten   16,7 – 11,4 – 21,0
   Zargen   3,05 – 2,9 – 3,0
   Mensur   19,9
   Decke und Boden geteilt
   Wirbelkasten: Backen neu
   Lack goldorange – hellviolett
   farbloser Überlack

248

113. Violine von Carlo Antonio Tononi
     undatiert, FS 158
     Corpuslänge (B) 35,9
     Breiten   16,3 − 11,1 − 19,75
     Zargen   2,8 − 3,0 − 3,2
     Mensur   19,5
     Decke und Boden geteilt
     Bodenrisse, stark repariert
     Lack weinrot reichlich
     farbloser Überlack

249

250

114. Viola von Carlo Antonio Tononi
    Venedig, FS 214
    Corpuslänge (B) 39,8
    Breiten   18,8 — 12,7 — 22,9
    Zargen   3,4 — 3,65 — 3,5
    Mensur   21,7
    Decke und Boden geteilt
    Lack rotviolett reichlich
    kein Überlack

115. Violoncello von Carlo Antonio Tononi, FS 116
    gewölbt, lange ff
    Corpuslänge   73,5
    Breiten   33,6 — 23,7 — 41,5
    Zargen   11,2 — 11,2 — 11,5
    Mensur   40,0
    Boden und Decke geteilt
    Bodenstimmriß
    Lack gelbbraun mit viel Retuschen

116. Violine von einem Mitglied der Familie Tononi, Venedig

117. Violine von Pietro Antonio della Costa
    aus: K. Jalovec, Italienische Geigenbauer
    Nr. 62 , Seite 108

254

Schließlich ist noch eines Geigenbauers zu gedenken, der wie David Tecchler oder die Tononi nicht immer in Venedig gearbeitet hat. Aber er ist durch seine Instrumente — es scheinen nur Violinen erhalten zu sein — als ein in Venedig ausgebildeter Meister ausgewiesen, der wohl erst Jahre nach dem Abschluß seiner Lehre seine endgültige Werkstatt in Treviso aufgeschlagen hat.

Er scheint zwischen 1700 und 1768 gelebt und gearbeitet zu haben. In allen Geigenbüchern wird er aufgeführt (Lütgendorff, Vannes, Fuchs-Möckel, Drögemeyer u.a.). Abbildungen von Violinen finden sich bei Jalovec (Ital. Geigenbauer) 2, Fridolin Hamma 1, Walter Hamma 1. Max Möller beschreibt in „Violins & Violinists" 2 Violinen von 1756 und 1764 (und im 1. Beitrag eine weitere Violine von 1742).

Es wird von ihm gesagt, daß er auch in Venedig und Mantua gelebt und gearbeitet habe, daß er sowohl die Amati als auch Stradivari zum Vorbild nahm, selbst aber ein breiteres Patron mit flacherer Wölbung wählte, daß er einen besonders schönen gelben, gelbroten oder auch rotbraunen Lack verwendete, und daß seine Instrumente im Ton „groß und tragend" (F. Hamma), „klanglich seine Instrumente meist ganz hervorragend" (W. Hamma) sind.

Die Schnecken des Pietro Antonio della Costa werden weniger gerühmt; G. Hart sagte ihnen schon 1909 einen „schwachen Zug" ('a weak feature'), aber durchaus Originalität nach. Daraus wird bei O.v. Schulmann eine „kleine" Schnecke, die ihn an Goffriller erinnert. Die venezianische Schule erkennt Schulmann aber vor allem an der Art des Holzes, sowohl der Decken als auch der Böden, das an Santo Serafin erinnere. Pietro Antonio della Costa hat auch eine andere Besonderheit des Santo Serafin übernommen: seine Reifchen und Klötze (an der Innenarbeit des Bodens) sind nicht wie meist aus Weide, sondern aus Fichte. So rechnet O. v. Schulmann den Pietro Antonio della Costa ausdrücklich den venezianischen Meistern zu, wobei nicht vergessen sein soll, daß besonders sein Lack dem des Santo Serafin weitgehend gleiche. Infolgedessen schließt O. v. Schulmann, die Tätigkeit des Pietro Antonio della Costa habe in Venedig begonnen, wo er ganz offensichtlich gelernt hat. Neben Cremoneser Einflüssen zeigt er Merkmale von Goffriller und am stärksten von Santo Serafin. Die Abbildungen 117-119 zeigen in vielen Einzelheiten die venezianischen Merkmale dieses Meisters: mächtiges, langgestrecktes, und dennoch breites Modell, lange ff-Löcher, eine kräftige, z.T. etwas sich zurückneigende Schnecke. Dazu kommen beste Holzwahl und eine hohe Vollkommenheit der Arbeit.

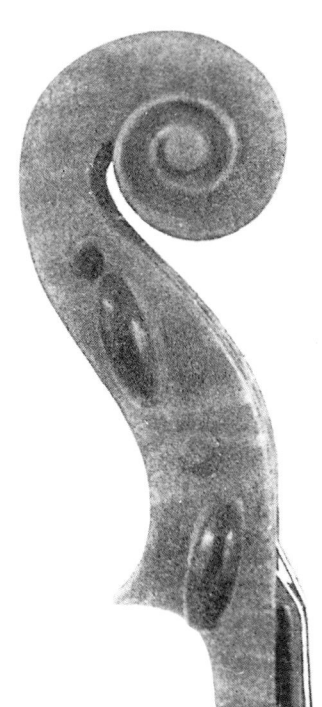

118. Violine von Pietro Antonio della Costa, Treviso
   aus: K. Jalovec, Italienische Geigenbauer
   1957, Nr. 63, Seite 109

256

Die berühmteste Violine von Pietro Antonio della Costa ist diejenige, die Mozart gespielt hat. Sie wurde im Jahr 1764 gebaut und hat in der violinistischen Konzertlaufbahn Mozarts eine viel größere Rolle gespielt, als bislang bekannt ist. Es gab sogar erhebliche Mißverständnisse.

Die Unstimmigkeiten in der Zuordnung rühren in der Hauptsache davon her, daß Max Möller in seinem ersten Aufsatz über diese „Mozart"-Violine des Pietro Antonio della Costa (1936) das richtige Baujahr 1764 mit dem falschen 1756 verwechselt hat (was er in seiner 2. Mitteilung zugegeben hat). Da Möller aber auch stillschweigend annahm, daß das Baujahr das Kaufjahr gewesen sei, kam im Jahr 1756, in dem Wolfgang Amadé erst geboren wurde, aber die berühmte Violinschule des Leopold Mozart erstmals erschien, nur Leopold als der Besitzer und Spieler dieser Violine von Pietro Antonio della Costa in Frage. Weiterhin unterstellte Möller dem Leopold, die Violinkompositionen seines Sohnes gleichsam erst selber „auf Probe" gespielt zu haben. So sind aus einer zunächst harmlosen Verwechslung zwei folgenschwere Irrtümer entstanden.

Die violinistische Wirklichkeit des Wolfgang Amadé ist folgende: zwar geborener Pianist und Komponist, wurde und war er auch — zeitweise — ein vorzüglicher Geiger. Da ihm die Erlernung dieses Instruments nicht so leicht fiel wie die Meisterschaft auf dem Klavier, wurde er darin vom Vater sorgfältig und gründlich ausgebildet. Der Vater hat auf den Violinunterricht des Sohnes sicher viel mehr Zeit verwendet als auf den bei seinen Chorknaben, die er ebenfalls in der Violine zu unterrichten hatte; man weiß, daß er, von der Aufgabe, seinen Sohn zu lehren und zu erziehen, völlig absorbiert war und deshalb die Obliegenheiten am Hof oft sträflich (und zum Ärger des Erzbischofs) vernachlässigte. Er war nicht nur Geiger und Geigenlehrer, sondern auch Vizekapellmeister. Überdies komponierte er und wußte in seinen recht beliebten Genre-Stücken überraschende technische Effekte anzubringen. Leopold hat sich also offensichtlich seit dem Heranwachsen des Sohnes in der Hauptsache lehrend und dirigierend betätigt, und seine violinistische Fertigkeit wurde vom Sohn spätestens 1773 in den Schatten gestellt.

Im übrigen hatte sein Violinunterricht beim Sohn den entsprechenden Erfolg: Wolfgang Amadé war von 1773 bis zu seiner Reise nach Paris im Herbst 1777 Konzertmeister am Salzburger Hof, an dem sein Vater Geiger und Vizekapellmeister war. In diesen Jahren 1773 bis 1777 (Höhepunkt war das Jahr 1775) entstanden alle Konzerte und Konzertsätze für Violine (auch die sog. Konzertante Sinfonie KV 364). Mozart hat sie alle selber gespielt, also ur-

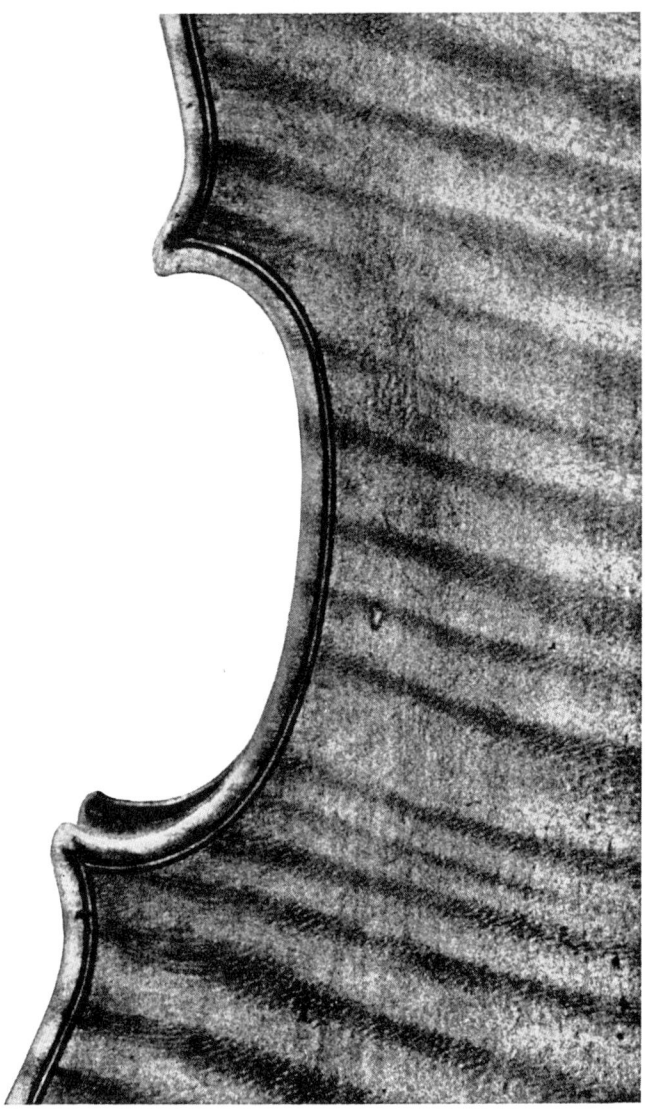

119. Violine von Pietro Antonio della Costa, Treviso 1743
aus: W. Hamma, Meisterwerke..., 1964, S. 190

259

sprünglich für seinen eigenene Gebrauch komponiert. Es ist nicht bekannt, daß Leopold Mozart auch nur eines der Konzerte seines Sohnes öffentlich gespielt oder auch nur auf der Geige ausprobiert hätte.

Leopold Mozart hatte einen großen Respekt vor den geigerischen Fähigkeiten seines Sohnes. Als der dem Vater von seinen Augsburger Erfolgen als Violinist berichtete (dort war er bei Onkel und Bäsle abgestiegen), antwortet der Vater (am 18. Okt. 1777): „daß ... sie alle groß drein geschauet, wundert mich nicht. Du weißt selbst nicht, wie gut Du Violine spieltst, wenn Du Dir nur Ehre geben und mit Figur, Herzhaftigkeit und Geist spielen willst, als wärest Du der erste Violinspieler Europas."

Als W. A. Mozart mit der Mutter im Herbst 1777 die große Reise nach Paris antrat, erhielt der Vater zu seiner großen Enttäuschung keinen Urlaub. Aber auch der Sohn mußte seine Stelle als Konzertmeister aufgeben, weil ihn der Erzbischof ebenfalls nicht so lange freistellen wollte. Damit endete auch Mozarts Zeit als Geiger und geigender Solist.

Es ist nicht überliefert, wann die Violine von Pietro Antonio della Costa vom Jahr 1764 von den Mozarts erworben wurde. Wolfgang hat in seinen Knabenjahren eine Violine von einem einheimischen Meister gespielt, die inzwischen wieder ins Geburtshaus in Salzburg zurückgekehrt ist. Für wen und von wem wurde sie gekauft? Leopold Mozart brauchte keine andere, er spielte kaum noch, außerdem benutzte er wohl ein Dienstinstrument. Entweder es bot sich eine gute Gelegenheit (denn Leopold war geschäftstüchtig), oder sie wurde — von Wolfgang — gezielt gekauft. Eine gute Gelegenheit hätte sich etwa während der 3 Reisen ergeben können, die Leopold Mozart mit seinem Sohn zwischen 1769 und 1773 nach Italien machte. Es ist indessen unwahrscheinlich, daß Leopold über einen solchen Kauf nicht in seinen Briefen an seine zurückgebliebene Frau und Tochter berichtet hätte; denn er legte über alle Ereignisse, auch über Einnahmen und Ausgaben, genau Rechenschaft ab.

So bleibt als weitaus wahrscheinlichste Möglichkeit übrig, daß der Kauf mit der Konzertmeistertätigkeit Wolfgangs zusammenhängt und in die Jahre 1773 — 1777 fällt. Mozart war zu dieser Zeit auch imstande, sie selber zu bezahlen; er hat sie offenbar auch immer als seine eigene betrachtet. Obgleich er in den Wiener Jahren nicht mehr Violine spielte (sondern nur gelegentlich Viola im Streichquartett), und obgleich er in seinen letzten Lebensjahren manchen geliebten Gegenstand versetzte oder verkaufte, hat er sich von dieser Violine nicht getrennt. Sie befand sich in seinem Nachlaß und wurde später — zusammen mit vielen ungedruckten Autographen — von der Witwe Constanze Mozart an den Offenbacher Verleger Anton André verkauft. Von ihm erwarb sie Hofrat Michael Henkel (1780 — 1851). Von Michael Henkel erbte sie sein Sohn

Heinrich Henkel, der Musikdirektor und Begründer der Musikschule in Frankfurt am Main war. Von dessen Sohn Karl Henkel ging sie im Jahr 1923 an die große Londoner Firma Hill über. Als in diesem Besitz befindlich beschrieb sie M. Möller ausführlich in seinem 2. Beitrag (1957).

Es ist also fernerhin kein Zweifel daran möglich, daß W. A. Mozart als Konzertmeister und Solist die in Abb. 120 wiedergegebene Violine von Pietro Antonio della Costa vom Jahr 1764 gespielt und sie auch in seiner späteren Zeit, als er sie nicht mehr benutzte, nicht veräußert hat, obgleich er gar manches Mal in Geldnöten kostbare Dinge wie etwa sein Tafelsilber verpfändet hat. Es ist tröstlich und beinahe versöhnend, diese Beziehung zwischen dem Spieler und diesem Instrument zu kennen, zumal so vieles im Leben und Schaffen Mozarts in Ungewißheit, wenn nicht in Dunkel gehüllt ist. Und es ist auch erhebend zu wissen, daß sich Wolfgang Amadé Mozart gerade an einem Instrument erfreute, das den damals gesuchten lieblichen Ton der Amati mit einer venezianischen Fülle und Tragfähigkeit verband. Als späterer und gelegentlicher Bratschist war Mozart nicht in gleicher Weise gut bedient; aber das war ihm wohl nicht mehr so wichtig, denn inzwischen hatte er sich als ausübender Musiker ganz dem Klavier verschrieben. Wir können auch kaum annehmen, daß er die Violine weniger gut als sein eigentliches Favoritinstrument, das Klavier, gespielt habe; die Urteile des Vaters und Mozarts ebenso schöne wie heikle Violinkonzerte, die auch heute noch manchem Geiger zum Prüfstein seines Könnens und seines Geschmackes werden, lassen eigentlich keinen Zweifel darüber, daß W. A. Mozart in seinen geigerischen Glanzzeiten keinen Konkurrenten zu fürchten gehabt hätte.

120. Violine von
Pietro Antonio della Costa
1764 (ex Mozart)
aus: W. M. Möller, Violins and
Violinists, 1957, Nr. 18 p. 92

263

BILDNACHWEIS   Amsterdam, Rijksmuseum: 6

Berlin, Preußischer Kulturbesitz: 5 b

Berlin, Staatl. Institut für Musikforschung:
(Preußischer Kulturbesitz 2

Geiser, Brigitte (Lit): 4

Georgi, Ulla, München: 31, 32, 33, 38, 43, 45, 55

Hamma, Fridolin, Stuttgart: 56

Hamma, Walter, Stuttgart: 19, 37, 39, 40, 51, 53, 54, 65, 78, 79, 81, 82, 87, 90, 91, 93, 94, 95, 96, 97, 102, 105, 106, 107, 108, 109, 110, 119

Hill & Sons, London: 75

Jalovec, Karel (Lit): II, 117, 118

Kaess, Viktor, Wasserburg: 36, 46, 47, 52, 62, 66, 67, 68, 72, 98, 99, 111, 112, 116

Mailand, Museo degli Stromenti musicali: 8, 9, 10, 60, 70

Moens, Karel (Lit): 12

München, Bayerische Staatstheater: IV, V, VI, XI, XXIII

München, Stadtmuseum, Musikabteilung: III

Nürnberg, Germanisches Nationalmuseum: 7

Mayer, Ulrich-Hans, Düsseldorf: XIV, XVI, XVIII

Möller, Max, Amsterdam: 49, 120

Schuler-Verlag, Stuttgart: 34, 35, 89

Sotheby's, London: I, 3, XVII

Sprenger, Arnold, St. Gallen
(Foto M.Schieß) 11, 15, 80, 103, 104, XXII

Stuckert, Heinz, München: 18, 22, IX

THE STRAD, London: 20, 27, 28, 57, 58, 59, 88

Tandy, Charles, München: 17, 21, 23, 24, 29, 30, 41, 42, 49, 61, 64, 74 VII, VIII, XII, XIII, XX, XXI, 76, 77, 83, 84, 85, 86, 100

Violins & Violinists, New York: 120

Werro, Jean, Bern: 16

Willeitner, Gunter, München: 113, 115

Zürich, Graphische Sammlung der Eidgenössischen TH: 1

Stadler, Ernst, Konstanz: 48

Die Urheber der Bilder mit nicht genannten Nummern wünschen nicht, namentlich aufgeführt zu werden.

LITERATURANGABEN

Monographien:

Bacchetta, Renzo
Chi inventò il violino?
Stradivari non è nato nel 1644.
Cremona 1937

Berr, Albert
Geigengeschichten, Erinnerungen und Notizen.
Atlantis-Verlag, Zürich/Freiburg 1941

Berr, Albert
Geigen.
Originale, Kopien, Fälschungen, Verfälschungen. Eine grundlegende Definition und Darstellung. Verlag „Das Musikinstrument", Frankfurt a. Main 1962

Berr, Albert
siehe Niederheitmann

Bletschacher, Richard
Die Lauten- und Geigenmacher des Füssener Landes. Hofheim am Taunus 1978

Bonetti, Carlo
La Genealogia degli „Amati-Liutai" e il Primato della Scuola Liutistica Cremonese. Bolletino Storico Cremonese, Seria II, Vol. III, Cremona 1938

Boyden, David D.
The History of Violin Playing from its Origins to 1761, and ist Relationship to the Music and Violin Music.
London, Oxford Univ. Press, New York – Toronto 1965

Boyden, David D.
The Hill Collection Ashmolean Museum Oxford
Oxford University Press 1969,

Deutsch, Walter und Gerlinde Haid
Die Geige in der europäischen Volksmusik. Bericht über das 1. Seminar für europäische Musikethnologie,
St. Pölten 1971

Doring, Ernest N.
The Guadagnini-Family of Violin-Makers etc.
William Lewis & Son, Chikago (III.) 1949

Doring, Ernest N.
How many Strads? Our heritage from the master
William Lewis & Son, Chikago (III.) 1945

Drögemeyer, Hermann August
Die Geige
3., verbesserte und vermehrte Auflage
Verlag der Musikinstrumenten-Zeitung, Berlin 1903

Edler, Hans
Geigen f-Modelle nach den Originalen alter Meister
Franz Schmidt oHG, Siegburg 1970

Fairfield, O. H.
Known Violin Makers
1942

Fétis, F.J.
Antoine Strativari, luthier célèbre, connu dans le nom de Stradivarius etc. Paris, Vuillaume Luthier 1856

Fuchs, Albert, und Otto Möckel
Taxe der Streichinstrumente
4. Auflage
Verlag von Carl Merseburger, Leipzig 1929

Gábry, György
Alte Musikinstrumente.
Corvina Verlag, Budapest 1969

Geiser, Brigitte
Studien zur Frühgeschichte der Violine.
Verlag Paul Haupt
Bern und Stuttgart 1974

Goodkind, Herbert K.
Violin Iconography of Antonio Stradivari.
Published by the author.
Larchmont, New York, 1972

Greither, Aloys
Anthropologie der Musikinstrumente in: Neue Anthropologie, herausgegeben von Hans-Georg Gadamer und Paul Vogler, Thieme-Verlag
Stuttgart, Bd. 4, 446–487, 1973

Greither, Aloys
Italienische Streichinstrumente. Die klassischen Geigenbauschulen: Brescia – Absam – Cremona – ARS/MUSICA in 12 Heften
Bayer AG, Leverkusen 1973 bis 1975

Hajdecki, A.
Die italienische Lira da braccio.
Eine kunsthistorische Studie zur Geschichte der Violine.
Amsterdam, Nachdr. 1965

Hamma, Fridolin
Meisterwerke italienischer Geigenbaukunst. Ihre Beschreibung und bisher erzielte Preise.
Hamma & Co., Stuttgart (ohne Jahr) ca. 1930

Hamma, Fridolin
Die d'Egville del Gesù. Eine Monographie im Selbstverlag Hamma & Co., Stuttgart 1961

Hamma, Walter
Meister italienischer Geigenbaukunst.
Schuler Verlags-Gesellschaft mbH, Stuttgart 1964

Hart, George
The Violin.
Its famous makers and their imitators.
New York 1885. Reprint 1977
Bosten/Mass.

Haweis, H.R.
Old Violins.
Edinburgh 1905

Henley, W.
Antonio Stradivari, Master Luthier.
Amati Publishing Limited 440 Meeting House Lane, Brighton 1, Sussex/England (ohne Jahr)

Hill, Henry W., Arthur F. Hill and Alfred E. Hill
Antonio Stradivari, his life and work (1644–1737)
Dover Publ. Inc. New York, 1965 (Neudruck der Erstauflage 1902)

Hill, William Henry, Arthur F. Hill and Alfred Ebsworth Hill
The violin-makers of the Guarnerius-family (1626–1762), their life and work
William E. Hill & Sons, London 1931

Jalovec, Karel
Die schönsten italienischen Geigen
Artia Praha 1963
Verlag Werner Dausien, Hanau (Main)

Jalovec, Karel
Enzyklopädie des Geigenbaus
Artia Praha 1965
Verlag Werner Dausien, Hanau (Main)

Jalovec, Karel
Italienische Geigenbauer
Artia-Verlag, Prag 1957

Jalovec, Karel
Italienische Geigenbauer
Artia-Verlag, Prag 1964
2., verbesserte Auflage

Kolneder, Walter
Das Buch der Violine. Bau, Geschichte, Spiel, Pädagogik, Komposition.
Atlantis Verlag Zürich – Freiburg 1971

Layer, Adolf
Das Allgäu – die Wiege der Lauten- und Geigenbaukunst. Feldafing 1963

Die Allgäuer Lauten- und Geigenmacher. Ein Kapitel schwäbische Kulturleistung für Europa. Augsburg 1978

Studien zur Musikgeschichte von Schwaben und Bayern. Eine bibliographische Bilanz. Ges. f. Bayer. Musikgeschichte e.V., Dillingen 1978

267

Leipp, E.
La Sonorité du violon, de l'alto, du violoncelle. Étude analytique.
Im Selbstverlag, Paris 1952

Leipp, E.
Le Violon. Histoire, esthétique, facture et acoustique.
Paris 1965

Lütgendorff, Willibald Leo Frh. v.
Die Geigen- und Lautenmacher vom Mittelalter bis zur Gegenwart
Verlag von Heinrich Keller,
Frankfurt am Main 1904.
3. Auflage Frankfurt 1922
Nachdr. Nendeln 1968

Meyer, Fritz
Berühmte Geigen und ihre Schicksale. Musikalische Plauderei.
P. J. Tonger, Köln am Rhein 1919

Möckel, Otto
Die Kunst des Geigenbaus.
3., erweiterte und verbesserte Auflage, bearbeitet von Prof. Dr.-Ing. Fritz Winckel, Bernh. Friedr. Voigt
Verlag Handwerk und Technik, Hamburg [1967]

Mostra di Antonio Stradivari,
Settimane musicali Stresa, Palazzo Borromeo Isolabella, 26. 8. – 10. 9. 1963

Niederheitmann, Friedrich
Cremona, eine Charakteristik der italienischen Geigenbauer und ihrer Instrumente.
8., vollständig neue ergänzte Auflage, herausgegeben von Albert Berr,
Verlag Friedrich Hoffmeister,
Frankfurt am Main 1956

Peterlongo, Paolo
Die Streichinstrumente
Milano – Frankfurt 1976

Ponticelli, Arco
Der Geigenkrieg
Privatdruck Ernst Stadler,
Konstanz 1953

Riemann, Hugo
Katechismus der Musikinstrumente
Leipzig, Max Hesses Verlag,
2. Auflage 1897

Sacconi, Simone F.
Loan exhibition of stringed instruments and bows.
Commemorating for 70th birthday of Simone Fernando Sacconi,
New York City, Octobre 1966
Schulers Verlagsgesellschaft Stuttgart

Sacconi, Simone F.
I „segreti" di Stradivari. Libreria del convegno, Cremona 1972

Sachs, Curt
Real-Lexikon der Musikinstrumente, zugleich ein Polyglossar für das gesamte Instrumentengebiet.
Nachdruck, Georg Olms, Verlagsbuchhandlung, Hildesheim 1964

Salmen, Walter
Der Spielmann im Mittelalter.
Innsbruck 1983

Schulmann, Otto von
Echt oder falsch? Ein Beitrag zur Beurteilung alt-italienischer Meistergeigen für Geigenliebhaber
Verlag Franz Schmidt, Siegburg 1961

Senn, Walter
Jakob Stainer, der Geigenmacher zu Absam. Die Lebensgeschichte nach urkundlichen Quellen.
Universitäts-Verlag Wagner,
Innsbruck 1951

Sprenger, Arnold
Alte Meistergeigen.
Beschreibungen, Expertisen. Band I: Venezianer Schule. Das Musikinstrument,
Frankfurt 1977

Starcke, H.
Die Geige, ihre Entstehung, Verfertigung und Bedeutung, die Behandlung und Erhaltung aller ihrer Bestandtheile und die Meister der Geigen- und Lautenbaukunst mit Angabe aller Zettelinschriften.
Verlag J. G. Seeling, Dresden 1884

Vannes, René
Dictionnaire universel des luthiers
10. Auflage, Les amis de la musique,
Brüssel 1951

Vidal, Antoine
Les instruments à archet etc. Tome II,
1876–1878 Paris
Foto Reprint Londres The Holland Press 1961

Violins and Violinists. Magazine.
The Henry Ford Collection of Instruments
begründet von Ernest N. Doring, herausgegeben von Gladys Mickel Bell und Max Möller by William Lewis & Son, Jahrgang 1, 1939–Jahrgang 21, 1960

Wasielewski, Wilh. Jos. v.
Die Violine und ihre Meister.
6., vermehrte Auflage.
Breitkopf & Härtel, Leipzig 1920

Witt, Paul de
Geigenzettel alter Meister vom 16. bis zumindest 19. Jahrhundert Verlag von Paul de Witt, Leipzig 1922

AUFSÄTZE ZUR FRÜHGE-SCHICHTE DER VIOLINE

Baser, Friedrich
400 Jahre Violine. Z.f. Musikforschg. 388—391 (1934)

Boyden, David D.
Monteverdi's Violini piccoli alla france-se and Viole da brazzo. Annales musico-logiques, Moayen Age et Renaissance. Tome VI, p.387—402 (1958). Datiert 1959

Cavalli, Lelio
The etymology of the word Violin. Vio-lins & Violinists, *11*, 235 (1950)

Disertori, Benvenuto
Il più antico essemplare esistente di stro-mento ad arco.
Riv. Mus. Ital. *42*, 294—308 (1938)

Doring, Ernest N.
Zahlreiche Aufsätze in: Violins and Vio-linists

Foffa, O.
Pellegrino da Montichiaro, inventore del violino. Tipografia F. Appolonio di C., Brescia 1937 — XV
Rivista Musicale Italiana *43*, S. 15 (1937)

Friebe, Freimut
Zur Frage der Entstehung des Wortes „violon". Die Musikforschung *24*, 161—165 (1971)

Greither, Aloys
Die sog. Tiroler Violine von Paul Klee. In: Bericht über die Jacobus Stainer-Ta-gung, Innsbruck 1983

Heyde, H. und P. Pliersch
Studien zum sächsischen Musikinstru-mentenbau des 16./17. Jahrhunderts. In: Jahrbuch Peters 1979, S. 231—259

Moens, Karel
Die Frühgeschichte der Violine im Lich-te neuerer Forschungen. In: Lauten, Harfen, Violinen. Ausstellungskatalog Herne, 1984, S. 54—86

Früher Geigenbau in Süddeutschland. Manuskript 1985.

Vioolbouw in de Oostenrijkse Neder-landen. In: Arca Lovaniensis, Jaarbock 1981, Leuven 1983

Peluzzi, Euro
Chi fu l'inventore del violino? Rivista Music. Ital. *45*, 25—39, (1941)

ZU DEN EINZELNEN MEISTERN

DECONET (DECONETTI)

(ohne Autor)
Michael Deconet. Violine Venedig 1758. THE STRAD *56*, 246 f (1946)

Youngman, Maurice
The late Mr. E. M. W. Paul' researches. THE STRAD *83*, Oct. 1972, p.271

(ohne Autor)
Michele Deconet. (Violine Venedig 1768)
THE STRAD *56*, 246 f (1946)

GOBETTI

(ohne Autor)
A violin by Franciscus Gobetti (1710). Violins & Violinists *16*, 146 f (1955) (vio-line Venedig 1710, 3 Fotos)

Doring, Ernest N.
Franciscus Gobetti of Venice. Violins & Violinists, *13*, 7—13 (1952)

Towry Piper
Franciscus Gobetti.
THE STRAD *24*, 401 (March 1914)

(ohne Autor)
A violin by Francesco Gobetti. THE STRAD *52*, 229—231 (1942)

GOFFRILLER

Doring, E.N.
Matteo Goffriller of Venice
Violons & Violinists
10, 93, S. 134—139 (1949)
10, 94, S. 180—186 (1949)
10, 95, S. 220—225 (1949)
10, 96, S. 260—268 (1949)
10, 97, S. 301—307 (1949)
11, 98, S. 8— 15 (1950)

Goffriller Notes
Violins & Violinists
12, 108, S. 116 (1951) Vc Piatti
12, 110, S. 216 (1951) Vc Garbousova

(ohne Autor)
Francesco Goffriller of Venice (Violine ca. 1730).
THE STRAD *80*, 346 f (Dec. 1969)

(ohne Autor)
Violoncello by Matteo Goffriller, Venice (Lutyens-Collection)
THE STRAD *34*, 432 (1924)

(ohne Autor)
Violoncello by Matteo Goffriller 1732. THE STRAD *46*, 118 (1935)
(Bilder aus der Kollektion Hamma, Stuttgart)

(ohne Autor)
Matteo Goffriller of Venice (Violine 1700).
THE STRAD *53*, 222 f (1943)

(ohne Autor)
Matteo Goffriller of Venice (Violine ca. 1715—20)
THE STRAD *60*, 6—7 (1949)

(ohne Autor)
A large Viola of the Goffriller-School, Venice ca. 1700—1710.
THE STRAD *72*, 350—351 (Febr. 1962)

(ohne Autor)
Matteo Goffriller (Violoncello 1700). THE STRAD *83*, 114 f (July 1972)

E. M. W. Paul
Mündliche Mitteilungen an den Autor, 1956—1960

Youngman, Maurice
Matteo Goffriller.
THE STRAD *83*, Aug. 1972, p.185 & 187

Vocadlo, R.B.
Matteo Goffriller.
THE STRAD *83*, Oct. 1972, p. 269

PIETRO II. GUARNERI

Doring, E.N.
Pietro Guarneri of Venice, Son of Gius-seppe Filius Andrea Violins & Violinists *5*, 42, S. 224—226 (1943)

A Violin of Pietro Guarneri, known as Peter of Venice Violins & Violinists *2*, 15, S. 80—82 (1939) Ex Baroness Knoop

Dykes, Arthur W.
Petrus of Venice.
THE STRAD *38*, 493 f (1928)

(ohne Autor)
Pietro Guarneri of Venice (Violine 1746).
THE STRAD *62*, 358 f (April 1952)

(ohne Autor)
Pietro Guarneri-Violine Venedig 1738, angepriesen in THE STRAD *68*, 9 (May 1957)

(ohne Autor)
Pietro Guarneri of Venice:
A Violin Cremona 1721.
THE STRAD *85*, 390 f (Nov. 1974)

MONTAGNANA

Berr, Albert
Die Montagnana-Violine Otto v. Schulmann. Privatdruck München 1953

Doring, E.N.
Domenico Montagnana of Venice
Violins & Violinists
8, 74, S. 92– 98 (1947)
8, 75, S. 140–147 (1947)
8, 76, S. 183–187 (1947)
8, 77, S. 228–233 (1947)

Möller, Max
Italiaansche Vioolbouw (The Italian Violin-Craft)
Violins & Violinists
6, 50, S. 202–204 (1944) Venedig, Montagnana
6, 54, S. 256–258 (1945) Fs. Venedig

Piper, Towry
Domenico Montagnana (Violin dated 1715)
THE STRAD *23*, 59 f (1912)

(ohne Autor)
A Montagnana Double Bass.
THE STRAD *21*, 445 f, Suppl. to Nr. 252 (April 1911)

(ohne Autor)
The Lutyens Collection of Italian Violoncellos. Domenica Montagnana.
THE STRAD *35*, 53 f, Suppl. to Nr. 409 (May 1924)

(ohne Autor)
Domenicus Montagnana.
(A. Violin Venice 1721).
THE STRAD *54*, 78 f (1943)

(ohne Autor)
Dominicus Montagnana, A Violoncello Venice 1733.
THE STRAD *66*, 326 f (Jan. 1956)

(ohne Autor)
Montagnana-Note. Violins & Violinists
12, 110, S. 216 (1951)

(ohne Autor)
A Violoncello by Domenico Montagnana
15, 127, S. 16–18 (1954)

(ohne Autor)
A Violin by Domenico Montagnana 1729
15, 132, S. 258 f (1954)

(ohne Autor)
A Violin by Domenico Montagnana 1740
18, 146, S. 66–67 (1957)

(ohne Autor)
Domenicus Montagnana, a violin.
THE STRAD *67*, 46 f (June 1956)

(ohne Autor)
Domenicus Montagnana (Violine, Mitte des 18.Jh)
THE STRAD *67*, 382 f (March 1957)

(ohne Autor)
Domenico Montagnana (Violine Hubay 1730 [40?]).
THE STRAD *81*, 198 f (Sept. 1970)

(ohne Autor)
Domenicus Montagnana (Violoncello 1735).
THE STRAD *83*, 58 f (June 1972)

SERAFIN

Doring, Ernest N.
Santo Serafin of Udine and Venice.
Violins & Violinists *6*, 311–320 (1945)

A Violin and a Violoncello by Sanctus Seraphin. Violins & Violinists *19*, 99–106 (1958), *21*, 138–140 (1960). (Violins & Violoncello Venedig 1732)

Dykes, Arthus W.
Beauty's Call (= Sanctus Serafin). THE STRAD, *41*, 13–15 (1930) (Violine 1737, die sich auch bei Doring 1945 findet)

(ohne Autor)
A Sanctus Seraphin Violin.
THE STRAD *22*, 60 f (June 1911)

(ohne Autor)
Santo Seraphin (Violin Venice 1742).
THE STRAD *49*, 554, + Suppl. to Nr. 588 (April 1939)

(ohne Autor)
A Violoncello by Santo Serafino of Venice (undatiert). THE STRAD, *50*, 381 f (1940)

(ohne Autor)
Sanctus Seraphin (Violine 1745).
THE STRAD *66*, 6 f (May 1955)

(ohne Autor)
Sanctus Seraphin (Violin 1745).
THE STRAD *66*, 6 f (May 1957)

(ohne Autor)
Santo Serafin (Violin ca. 1730).
THE STRAD *77*, 290 f (Dec. 1966)

(ohne Autor)
Sanctus Seraphin (Violin Venedig 1744). THE STRAD *85*, 160 f (July 1974)

(ohne Autor)
Giorgio Serafin (Violin 1743).
THE STRAD *63*, 110 f (Aug. 1952)

A Violin by Santo Serafin (1744)
Violins & Violinists,
12, 11, S. 249–252 (1951)

A Violin and a Violoncello by Sanctus Seraphin (1732)
Violins and Violinists
19, 153, S. 99–106, 143 (1958)

STAINER, TIEFENBRUGGER, TIROL

Doring, E.N.
The Stainer Labels.
Violins & Violinists
16, 133, S. 44–50 (1955)

Mertzanoff, C.E.
The troubled life of Jakob Stainer. Violins & Violinists *5*, 188–191, 250–254, 294–297, 306, 329–333, 368–371 (1944)

Layer, Adolf
Kaspar Tieffenbrugger. In: Lebensbilder aus dem bayerischen Schwaben. Band 4, München 1955

Möller, Max
Kaspar Tieffenbrucker.
Violins & Violinists
19, 61–65 (1958)

Wasiliewski, W.J.v.
Gaspard Duiffoburgcar.
Monatsheft f. Musikgeschichte, XV, S. 41–44 (1883)

Doring, Ernest N.
The Tyrol-Tyrolese Violin Makers.
Violins & Violinists
6, 505–510 (1945)

Egg, Erich
„Jakob Stainer und seine Zeit". In: Katalog „Jakob Stainer und seine Zeit. Musik in Tirol 1550–1730". Tiroler Landesmuseum Ferdinandeum Innsbruck 1983

Senn, Walter
„Jakob Stainer, der Geigenmacher zu Absam". Die Lebensgeschichte nach urkundlichen Quellen.
Universitäts-Verlag Wagner, Innsbruck 1951

Greither, Aloys
„Die sogenannte Tiroler Violine von Paul Klee". In: Symposion „Jakob Stainer und seine Zeit", Innsbruck 1983. Erschienen in: Innsbrucker Beiträge zur Musikwissenschaft, herausgegeben von Walter Salmen, Band 10, Edition Helbling, Innsbruck 1984

Pfaundler-Spat, Gertrud
    „Jakob Stainer — sein Bild in Literatur und Forschung". Symposion „Jakob Stainer und seine Zeit", Innsbruck 1983. Erschienen in: Innsbrucker Beiträge zur Musikwissenschaft, herausgegeben von Walter Salmen, Band 10, Edition Helbling, Innsbruck 1984.

TECCHLER

Möller, Max
    Violin Makers at Rome. David Tecchler. Violins & Violinists 6, 429 (1945)

Möller, Max
    The Italian Violin-Craft. Part V: The Violinmakers of Venice. Violins & Violinists,
    6, 202—204, 251—258, 429 (1945)

(ohne Autor)
    David Tecchler, (Violin Rom 1723).
    THE STRAD 61, 271—273 (dec. 1950)

(ohne Autor)
    David Tecchler (Violin, Rom, ca. 1700).
    THE STRAD 66, 86 f (July 1955)

(ohne Autor)
    David Tecchler (undatierte Violine).
    THE STRAD 67, 6 f (May 1956)

(ohne Autor)
    A Viola by David Tecchler (undatiert).
    THE STRAD 76, 430 f (April 1966)

TONONI

Doring, Ernest N.
    Violin Makers at Bologna
    Violins & Violinists
    15, 127, S. 4—7 (1954)
    15, 128, S. 52—57 (1954)

(ohne Autor)
    A Violin by Carlo Tononi (1732).
    THE STRAD 45, 499 Suppl. to Nr. 539 (March 1935)

(ohne Autor)
    Carlo Tononi (Violine Bologna 1715).
    THE STRAD 60, 359 (April 1950)

(ohne Autor)
    Carlo Antonio Tononi (A violin, Venice ca. 1730).
    THE STRAD 65, 214 f (Nov. 1954)

(ohne Autor)
    Carlo Tononi (Violin Venice ca. 1720).
    THE STRAD 78, 202 f (Sept. 1967)

Legge, Robin H.
    The chief schools of Violin making. The Venetian School.
    THE STRAD 2, 82 f (1891)

(ohne Autor)
    A Violin by Carlo Tononi Venice 1726 (Curt Wunderlich)
    Violins & Violinists
    15, 130, S. 176 f (1954)

(ohne Autor)
    Violoncello by Joannes Tononi Bologna ca. 1700 (ex Salmond)
    Violins & Violinists
    15, 131, S. 205 (1954)

PIETRO ANTONIO DELLA COSTA

Bauer, Wilhelm A. und Otto Erich Deutsch
    Mozart. Briefe und Aufzeichnungen. Gesamtausgabe. Bd. I—VII. Bärenreiter Kassel — Basel — London 1962—1975

Greither, Aloys
    Mozart als Geiger und Violinkomponist Programmheft zum 4. Akademiekonzert der Bayerischen Staatsoper am 7. Januar 1985

Greither, Aloys
    Wolfgang Amadé Mozart. ro-ro-ro-Bildmonographien Nr. 77, erstmals 1962, 136.—143. Tausend, Juni 1985

Möller, Max
    Leopold Mozart and his da Costa Violin.
    Violins & Violinists
    17, Nr. 140, p.48—51 (1956)

Möller Max
    More news about Mozart's Violin
    Violins & Violinists
    18, Nr. 147, p.93—97 (1957)